TRANZLATY

La lingua è per tutti
A linguagem é para todos

Il richiamo della foresta

O Chamado da Floresta

Jack London

Italiano / Português do Brasil

Copyright © 2025 Tranzlaty
All rights reserved
Published by Tranzlaty
ISBN: 978-1-80572-915-0
Original text by Jack London
The Call of the Wild
First published in 1903
www.tranzlaty.com

Nel primitivo
No Primitivo

Buck non leggeva i giornali.
Buck não leu os jornais.
Se avesse letto i giornali avrebbe saputo che i guai si stavano avvicinando.
Se ele tivesse lido os jornais, saberia que problemas estavam surgindo.
Non erano guai solo per lui, ma per tutti i cani da caccia.
Não houve problemas apenas para ele, mas para todos os cães da maré.
Ogni cane con muscoli forti e pelo lungo e caldo sarebbe stato nei guai.
Qualquer cão forte, musculoso e com pelo longo e quente estaria em apuros.
Da Puget Bay a San Diego nessun cane poteva sfuggire a ciò che stava per accadere.
De Puget Bay a San Diego, nenhum cachorro conseguiu escapar do que estava por vir.
Gli uomini, brancolando nell'oscurità artica, avevano trovato un metallo giallo.
Homens, tateando na escuridão do Ártico, encontraram um metal amarelo.
Le compagnie di navigazione a vapore e di trasporto erano alla ricerca della scoperta.
Empresas de navegação a vapor e de transporte estavam em busca da descoberta.
Migliaia di uomini si riversarono nel Nord.
Milhares de homens estavam correndo para Northland.
Questi uomini volevano dei cani, e i cani che volevano erano cani pesanti.
Esses homens queriam cães, e os cães que eles queriam eram cães pesados.
Cani dotati di muscoli forti per lavorare duro.
Cães com músculos fortes para trabalhar.
Cani con il pelo folto che li protegge dal gelo.

Cães com pelagem peluda para protegê-los do frio.

Buck viveva in una grande casa nella soleggiata Santa Clara Valley.
Buck morava em uma casa grande no ensolarado Vale de Santa Clara.
La casa del giudice Miller era chiamata così.
O lugar do Juiz Miller era chamado de sua casa.
La sua casa era nascosta tra gli alberi, lontana dalla strada.
Sua casa ficava afastada da estrada, meio escondida entre as árvores.
Si poteva intravedere l'ampia veranda che circondava la casa.
Era possível avistar a ampla varanda que circundava a casa.
Si accedeva alla casa tramite vialetti ghiaiosi.
O acesso à casa era feito por calçadas de cascalho.
I sentieri si snodavano attraverso ampi prati.
Os caminhos serpenteavam por gramados amplos.
In alto si intrecciavano i rami degli alti pioppi.
Acima, havia galhos entrelaçados de altos choupos.
Nella parte posteriore della casa le cose erano ancora più spaziose.
Na parte de trás da casa as coisas eram ainda mais espaçosas.
C'erano grandi scuderie, dove una dozzina di stallieri chiacchieravano
Havia grandes estábulos, onde uma dúzia de cavalariços conversavam
C'erano file di cottage per i servi ricoperti di vite
Havia fileiras de casas de empregados cobertas de videiras
E c'era una serie infinita e ordinata di latrine
E havia uma infinidade e uma série ordenada de latrinas
Lunghi pergolati d'uva, pascoli verdi, frutteti e campi di bacche.
Grandes parreirais, pastos verdes, pomares e plantações de frutas vermelhas.
Poi c'era l'impianto di pompaggio per il pozzo artesiano.
Depois havia a estação de bombeamento do poço artesiano.
E c'era la grande cisterna di cemento piena d'acqua.

E lá estava o grande tanque de cimento cheio de água.
Qui i ragazzi del giudice Miller hanno fatto il loro tuffo mattutino.
Aqui os meninos do Juiz Miller deram seu mergulho matinal.
E lì si rinfrescavano anche nel caldo pomeriggio.
E eles também se refrescaram lá na tarde quente.
E su questo grande dominio, Buck era colui che lo governava tutto.
E sobre esse grande domínio, Buck era quem governava tudo.
Buck nacque su questa terra e visse qui tutti i suoi quattro anni.
Buck nasceu nesta terra e viveu aqui todos os seus quatro anos.
C'erano effettivamente altri cani, ma non avevano molta importanza.
De fato, havia outros cães, mas eles não importavam de verdade.
In un posto vasto come questo ci si aspettava la presenza di altri cani.
Outros cães eram esperados em um lugar tão vasto quanto este.
Questi cani andavano e venivano oppure vivevano nei canili affollati.
Esses cães iam e vinham, ou viviam dentro dos canis movimentados.
Alcuni cani vivevano nascosti in casa, come Toots e Ysabel.
Alguns cães viviam escondidos na casa, como Toots e Ysabel.
Toots era un carlino giapponese, Ysabel una cagnolina messicana senza pelo.
Toots era um pug japonês, Ysabel uma cadela mexicana sem pelos.
Queste strane creature raramente uscivano di casa.
Essas criaturas estranhas raramente saíam de casa.
Non toccarono terra né annusarono l'aria esterna.
Eles não tocaram o chão, nem cheiraram o ar livre lá fora.
C'erano anche i fox terrier, almeno una ventina.
Havia também os fox terriers, pelo menos vinte.

Questi terrier abbaiavano ferocemente a Toots e Ysabel in casa.
Esses terriers latiam ferozmente para Toots e Ysabel dentro de casa.
Toots e Ysabel rimasero dietro le finestre, al sicuro da ogni pericolo.
Toots e Ysabel ficaram atrás das janelas, a salvo de perigos.
Erano sorvegliati da domestiche armate di scope e stracci.
Eles eram vigiados por empregadas domésticas com vassouras e esfregões.
Ma Buck non era un cane da casa e nemmeno da canile.
Mas Buck não era um cão de estimação, nem de canil.
L'intera proprietà apparteneva a Buck come suo legittimo regno.
Toda a propriedade pertencia a Buck como seu reino de direito.
Buck nuotava nella vasca o andava a caccia con i figli del giudice.
Buck nadava no tanque ou ia caçar com os filhos do juiz.
Camminava con Mollie e Alice nelle prime ore del mattino o tardi.
Ele caminhava com Mollie e Alice de madrugada ou de madrugada.
Nelle notti fredde si sdraiava davanti al fuoco della biblioteca insieme al giudice.
Nas noites frias, ele se deitava diante da lareira da biblioteca com o Juiz.
Buck accompagnava i nipoti del giudice sulla sua robusta schiena.
Buck deu carona aos netos do Juiz em seu dorso forte.
Si rotolava nell'erba insieme ai ragazzi, sorvegliandoli da vicino.
Ele rolava na grama com os meninos, protegendo-os de perto.
Si avventurarono fino alla fontana e addirittura oltre i campi di bacche.
Eles se aventuraram até a fonte e até passaram pelos campos de frutas vermelhas.

Tra i fox terrier, Buck camminava sempre con orgoglio regale.
Entre os fox terriers, Buck sempre andava com orgulho real.
Ignorò Toots e Ysabel, trattandoli come se fossero aria.
Ele ignorou Toots e Ysabel, tratando-os como se fossem ar.
Buck governava tutte le creature viventi sulla terra del giudice Miller.
Buck governava todas as criaturas vivas nas terras do Juiz Miller.
Dominava gli animali, gli insetti, gli uccelli e perfino gli esseri umani.
Ele governou sobre animais, insetos, pássaros e até humanos.
Il padre di Buck, Elmo, era un enorme e fedele San Bernardo.
O pai de Buck, Elmo, era um enorme e leal São Bernardo.
Elmo non si allontanò mai dal Giudice e lo servì fedelmente.
Elmo nunca saiu do lado do Juiz e o serviu fielmente.
Buck sembrava pronto a seguire il nobile esempio del padre.
Buck parecia pronto para seguir o nobre exemplo de seu pai.
Buck non era altrettanto grande: pesava sessanta chili.
Buck não era tão grande, pesando 64 quilos.
Sua madre, Shep, era una splendida cagnolina da pastore scozzese.
Sua mãe, Shep, foi uma excelente cadela pastora escocesa.
Ma nonostante il suo peso, Buck camminava con una presenza regale.
Mas mesmo com aquele peso, Buck caminhava com presença majestosa.
Ciò derivava dal buon cibo e dal rispetto che riceveva sempre.
Isso veio da boa comida e do respeito que ele sempre recebeu.
Per quattro anni Buck aveva vissuto come un nobile viziato.
Durante quatro anos, Buck viveu como um nobre mimado.
Era orgoglioso di sé stesso e perfino un po' egocentrico.
Ele tinha orgulho de si mesmo e era até um pouco egoísta.
Quel tipo di orgoglio era comune tra i signori delle campagne remote.

Esse tipo de orgulho era comum entre os senhores de terras remotas.
Ma Buck si salvò dal diventare un cane domestico viziato.
Mas Buck se salvou de se tornar um cão doméstico mimado.
Rimase snello e forte grazie alla caccia e all'esercizio fisico.
Ele permaneceu magro e forte durante a caça e os exercícios.
Amava profondamente l'acqua, come chi si bagna nei laghi freddi.
Ele amava profondamente a água, como as pessoas que se banham em lagos frios.
Questo amore per l'acqua mantenne Buck forte e molto sano.
Esse amor pela água manteve Buck forte e muito saudável.
Questo era il cane che Buck era diventato nell'autunno del 1897.
Esse era o cachorro que Buck se tornou no outono de 1897.
Quando lo sciopero del Klondike spinse gli uomini verso il gelido Nord.
Quando o ataque do Klondike levou os homens para o Norte congelado.
Da ogni parte del mondo la gente accorse in massa verso la fredda terra.
Pessoas correram de todas as partes do mundo para a terra fria.
Buck, tuttavia, non leggeva i giornali e non capiva le notizie.
Buck, no entanto, não lia jornais nem entendia notícias.
Non sapeva che Manuel fosse una persona cattiva con cui stare.
Ele não sabia que Manuel era uma má companhia.
Manuel, che aiutava in giardino, aveva un grosso problema.
Manuel, que ajudava no jardim, tinha um problema profundo.
Manuel era dipendente dal gioco d'azzardo alla lotteria cinese.
Manuel era viciado em jogos de azar na loteria chinesa.
Credeva fermamente anche in un sistema fisso per vincere.
Ele também acreditava fortemente em um sistema fixo para vencer.
Questa convinzione rese il suo fallimento certo e inevitabile.

Essa crença tornou seu fracasso certo e inevitável.
Per giocare con un sistema erano necessari soldi, soldi che a Manuel mancavano.
Jogar num sistema exige dinheiro, coisa que faltava a Manuel.
Il suo stipendio bastava a malapena a sostenere la moglie e i numerosi figli.
Seu salário mal dava para sustentar sua esposa e seus muitos filhos.
La notte in cui Manuel tradì Buck, tutto era normale.
Na noite em que Manuel traiu Buck, as coisas estavam normais.
Il giudice si trovava a una riunione dell'Associazione dei coltivatori di uva passa.
O juiz estava em uma reunião da Associação de Produtores de Uvas Passas.
A quel tempo i figli del giudice erano impegnati a fondare un club sportivo.
Os filhos do juiz estavam ocupados formando um clube esportivo naquela época.
Nessuno vide Manuel e Buck uscire dal frutteto.
Ninguém viu Manuel e Buck saindo pelo pomar.
Buck pensava che questa fosse solo una semplice passeggiata notturna.
Buck pensou que essa caminhada era apenas um simples passeio noturno.
Incontrarono un solo uomo alla stazione della bandiera, a College Park.
Eles encontraram apenas um homem na estação da bandeira, em College Park.
Quell'uomo parlò con Manuel e si scambiarono i soldi.
Aquele homem falou com Manuel e eles trocaram dinheiro.
"Imballa la merce prima di consegnarla", suggerì.
"Embrulhe as mercadorias antes de entregá-las", ele sugeriu.
La voce dell'uomo era roca e impaziente mentre parlava.
A voz do homem era áspera e impaciente enquanto ele falava.
Manuel legò con cura una corda spessa attorno al collo di Buck.

Manuel amarrou cuidadosamente uma corda grossa em volta do pescoço de Buck.

"Se giri la corda, lo strangolerai di brutto"

"Torça a corda e você vai sufocá-lo bastante"

Lo straniero emise un grugnito, dimostrando di aver capito bene.

O estranho deu um grunhido, mostrando que entendia bem.

Quel giorno Buck accettò la corda con calma e silenziosa dignità.

Buck aceitou a corda com calma e dignidade naquele dia.

Era un atto insolito, ma Buck si fidava degli uomini che conosceva.

Era um ato incomum, mas Buck confiava nos homens que conhecia.

Credeva che la loro saggezza andasse ben oltre il suo pensiero.

Ele acreditava que a sabedoria deles ia muito além do seu próprio pensamento.

Ma poi la corda venne consegnata nelle mani dello straniero.

Mas então a corda foi entregue nas mãos do estranho.

Buck emise un ringhio basso che suonava come un avvertimento e una minaccia silenziosa.

Buck deu um rosnado baixo que o alertava com uma ameaça silenciosa.

Era orgoglioso e autoritario e intendeva mostrare il suo disappunto.

Ele era orgulhoso e autoritário, e queria mostrar seu descontentamento.

Buck credeva che il suo avvertimento sarebbe stato interpretato come un ordine.

Buck acreditava que seu aviso seria entendido como uma ordem.

Con suo grande stupore, la corda si strinse rapidamente attorno al suo grosso collo.

Para sua surpresa, a corda apertou rapidamente em volta de seu pescoço grosso.

Gli mancò l'aria e cominciò a lottare in preda a una rabbia improvvisa.
Seu ar foi cortado e ele começou a lutar com uma fúria repentina.
Si lanciò verso l'uomo, che si lanciò rapidamente contro Buck a mezz'aria.
Ele saltou sobre o homem, que rapidamente encontrou Buck no ar.
L'uomo afferrò Buck per la gola e lo fece ruotare abilmente in aria.
O homem agarrou a garganta de Buck e habilmente o girou no ar.
Buck venne scaraventato a terra con violenza, atterrando sulla schiena.
Buck foi jogado com força no chão, caindo de costas.
La corda ora lo strangolava crudelmente mentre lui scalciava selvaggiamente.
A corda agora o sufocava cruelmente enquanto ele chutava descontroladamente.
La sua lingua cadde fuori, il suo petto si sollevò, ma non riprese fiato.
Sua língua caiu, seu peito arfou, mas não conseguiu respirar.
Non era mai stato trattato con tanta violenza in vita sua.
Ele nunca havia sido tratado com tanta violência em sua vida.
Non era mai stato così profondamente invaso da una rabbia così profonda.
Ele também nunca havia sentido uma fúria tão profunda antes.
Ma il potere di Buck svanì e i suoi occhi diventarono vitrei.
Mas o poder de Buck desapareceu, e seus olhos ficaram vidrados.
Svenne proprio mentre un treno veniva fermato lì vicino.
Ele desmaiou no momento em que um trem parou ali perto.
Poi i due uomini lo caricarono velocemente nel vagone bagagli.
Então os dois homens o jogaram rapidamente no vagão de bagagem.

La cosa successiva che Buck sentì fu dolore alla lingua gonfia.
A próxima coisa que Buck sentiu foi dor na língua inchada.
Si muoveva su un carro traballante, solo vagamente cosciente.
Ele se movia em uma carroça balançando, apenas vagamente consciente.
Il fischio acuto di un treno rivelò a Buck la sua posizione.
O grito agudo de um apito de trem indicou a Buck sua localização.
Aveva spesso cavalcato con il Giudice e conosceva quella sensazione.
Ele costumava cavalgar com o Juiz e conhecia a sensação.
Fu un'esperienza unica viaggiare di nuovo in un vagone bagagli.
Foi a experiência única de viajar novamente em um vagão de bagagem.
Buck aprì gli occhi e il suo sguardo ardeva di rabbia.
Buck abriu os olhos e seu olhar queimava de raiva.
Questa era l'ira di un re orgoglioso detronizzato.
Essa foi a ira de um rei orgulhoso que foi tirado do seu trono.
Un uomo allungò la mano per afferrarlo, ma Buck colpì per primo.
Um homem tentou agarrá-lo, mas Buck atacou primeiro.
Affondò i denti nella mano dell'uomo e la strinse forte.
Ele cravou os dentes na mão do homem e segurou firme.
Non mi lasciò andare finché non svenne per la seconda volta.
Ele não a soltou até desmaiar pela segunda vez.
"Sì, ha degli attacchi", borbottò l'uomo al facchino.
"É, tem ataques", murmurou o homem para o carregador de bagagem.
Il facchino aveva sentito la colluttazione e si era avvicinato.
O carregador de bagagem ouviu a luta e se aproximou.
"Lo porto a Frisco per conto del capo", spiegò l'uomo.
"Vou levá-lo para 'Frisco para o chefe", explicou o homem.
"C'è un bravo dottore per cani che dice di poterli curare."

"Há um ótimo médico de cães lá que diz que pode curá-los."
Più tardi quella notte l'uomo raccontò la sua versione completa.
Mais tarde naquela noite, o homem deu seu próprio relato completo.
Parlava da un capannone dietro un saloon sul molo.
Ele falou de um galpão atrás de um salão nas docas.
"Mi hanno dato solo cinquanta dollari", si lamentò con il gestore del saloon.
"Tudo o que me deram foram cinquenta dólares", ele reclamou com o homem do bar.
"Non lo rifarei, nemmeno per mille dollari in contanti."
"Eu não faria isso de novo, nem por mil em dinheiro."
La sua mano destra era strettamente avvolta in un panno insanguinato.
Sua mão direita estava firmemente enrolada em um pano ensanguentado.
La gamba dei suoi pantaloni era completamente strappata dal ginocchio al piede.
A perna da calça dele estava rasgada do joelho ao pé.
"Quanto è stato pagato l'altro tizio?" chiese il gestore del saloon.
"Quanto o outro sujeito recebeu?" perguntou o homem do bar.
«Cento», rispose l'uomo, «non ne accetterebbe uno in meno».
"Cem", respondeu o homem, "ele não aceitaria um centavo a menos".
"Questo fa centocinquanta", disse il gestore del saloon.
"Isso dá cento e cinquenta", disse o homem do bar.
"E lui li merita tutti, altrimenti non sono meglio di uno stupido."
"E ele vale tudo isso, ou eu não sou melhor que um idiota."
L'uomo aprì gli involucri per esaminarsi la mano.
O homem abriu os embrulhos para examinar sua mão.
La mano era gravemente graffiata e ricoperta di croste di sangue secco.
A mão estava muito rasgada e coberta de sangue seco.

"Se non mi viene l'idrofobia..." cominciò a dire.
"Se eu não tiver hidrofobia…" ele começou a dizer.
"Sarà perché sei nato per impiccarti", giunse una risata.
"Será porque você nasceu para ser enforcado", riu alguém.
"Aiutami prima di partire", gli chiesero.
"Venha me ajudar antes de ir", ele foi solicitado.
Buck era stordito dal dolore alla lingua e alla gola.
Buck estava atordoado por causa da dor na língua e na garganta.
Era mezzo strangolato e riusciva a malapena a stare in piedi.
Ele estava meio estrangulado e mal conseguia ficar de pé.
Ciononostante, Buck cercò di affrontare gli uomini che lo avevano ferito così duramente.
Mesmo assim, Buck tentou encarar os homens que o machucaram tanto.
Ma lo gettarono a terra e lo strangolarono ancora una volta.
Mas eles o jogaram no chão e o sufocaram novamente.
Solo allora riuscirono a segargli il pesante collare di ottone.
Só então eles conseguiram serrar sua pesada coleira de latão.
Tolsero la corda e lo spinsero in una cassa.
Eles removeram a corda e o empurraram para dentro de uma caixa.
La cassa era piccola e aveva la forma di una gabbia di ferro grezza.
A caixa era pequena e tinha o formato de uma gaiola de ferro rústica.
Buck rimase lì per tutta la notte, pieno di rabbia e di orgoglio ferito.
Buck ficou ali a noite toda, cheio de ira e orgulho ferido.
Non riusciva nemmeno a capire cosa gli stesse succedendo.
Ele não conseguia nem começar a entender o que estava acontecendo com ele.
Perché quegli strani uomini lo tenevano in quella piccola cassa?
Por que esses homens estranhos o mantinham nessa pequena caixa?
Cosa volevano da lui e perché questa crudele prigionia?

O que queriam com ele e por que esse cativeiro cruel?
Sentì una pressione oscura e la sensazione che il disastro si avvicinasse.
Ele sentiu uma pressão sombria; uma sensação de desastre se aproximando.
Era una paura vaga, ma si impadronì pesantemente del suo spirito.
Era um medo vago, mas que se instalou fortemente em seu espírito.
Diverse volte sobbalzò quando la porta del capanno sbatteva.
Várias vezes ele pulou quando a porta do galpão fez barulho.
Si aspettava che il giudice o i ragazzi apparissero e lo salvassero.
Ele esperava que o Juiz ou os meninos aparecessem e o resgatassem.
Ma ogni volta solo la faccia grassa del gestore del saloon faceva capolino all'interno.
Mas apenas o rosto gordo do dono do bar aparecia lá dentro todas as vezes.
Il volto dell'uomo era illuminato dalla debole luce di una candela di sego.
O rosto do homem estava iluminado pelo brilho fraco de uma vela de sebo.
Ogni volta, il latrato gioioso di Buck si trasformava in un ringhio basso e arrabbiato.
A cada vez, o latido alegre de Buck se transformava em um rosnado baixo e raivoso.

Il gestore del saloon lo ha lasciato solo per la notte nella cassa
O dono do bar o deixou sozinho durante a noite na caixa
Ma quando si svegliò la mattina seguente, altri uomini stavano arrivando.
Mas quando ele acordou de manhã, mais homens estavam chegando.

Arrivarono quattro uomini e, con cautela, sollevarono la cassa senza dire una parola.
Quatro homens vieram e pegaram cuidadosamente a caixa sem dizer uma palavra.
Buck capì subito in quale situazione si trovava.
Buck soube imediatamente da situação em que se encontrava.
Erano ulteriori tormentatori che doveva combattere e temere.
Eles eram outros algozes que ele tinha que lutar e temer.
Questi uomini apparivano malvagi, trasandati e molto mal curati.
Esses homens pareciam perversos, esfarrapados e muito maltratados.
Buck ringhiò e si lanciò contro di loro con furia attraverso le sbarre.
Buck rosnou e investiu ferozmente contra eles através das grades.
Si limitarono a ridere e a colpirlo con lunghi bastoni di legno.
Eles apenas riram e o cutucaram com longos pedaços de madeira.
Buck morse i bastoncini, poi capì che era quello che gli piaceva.
Buck mordeu os gravetos e então percebeu que era disso que eles gostavam.
Così si sdraiò in silenzio, imbronciato e acceso da una rabbia silenziosa.
Então ele se deitou em silêncio, taciturno e ardendo de raiva silenciosa.
Caricarono la cassa su un carro e se ne andarono con lui.
Eles colocaram a caixa em uma carroça e foram embora com ele.
La cassa, con Buck chiuso dentro, cambiò spesso proprietario.
A caixa, com Buck trancado dentro, trocava de mãos com frequência.
Gli impiegati dell'ufficio espresso presero in mano la situazione e si occuparono di lui per un breve periodo.

Os funcionários do escritório Express assumiram o controle e o atenderam rapidamente.
Poi un altro carro trasportò Buck attraverso la rumorosa città.
Depois, outra carroça levou Buck pela cidade barulhenta.
Un camion lo portò con sé scatole e pacchi su un traghetto.
Um caminhão o levou com caixas e pacotes para uma balsa.
Dopo l'attraversamento, il camion lo scaricò presso un deposito ferroviario.
Após a travessia, o caminhão o descarregou em um depósito ferroviário.
Alla fine Buck venne fatto salire a bordo di un vagone espresso in attesa.
Por fim, Buck foi colocado dentro de um vagão expresso que o aguardava.
Per due giorni e due notti i treni trascinarono via il vagone espresso.
Durante dois dias e duas noites, os trens puxaram o vagão expresso.
Buck non mangiò né bevve durante tutto il doloroso viaggio.
Buck não comeu nem bebeu durante toda a dolorosa jornada.
Quando i messaggeri cercarono di avvicinarlo, lui ringhiò.
Quando os mensageiros expressos tentaram se aproximar dele, ele rosnou.
Risposero prendendolo in giro e prendendolo in giro crudelmente.
Eles responderam zombando dele e provocando-o cruelmente.
Buck si gettò contro le sbarre, schiumando e tremando
Buck se jogou nas grades, espumando e tremendo
risero sonoramente e lo presero in giro come i bulli della scuola.
Eles riram alto e o provocaram como valentões de pátio de escola.
Abbaiavano come cani finti e agitavano le braccia.
Eles latiam como cães falsos e batiam os braços.
Arrivarono persino a cantare come galli, solo per farlo arrabbiare ancora di più.
Eles até cantaram como galos só para irritá-lo ainda mais.

Era un comportamento sciocco e Buck sapeva che era ridicolo.
Era um comportamento tolo, e Buck sabia que era ridículo.
Ma questo non fece altro che accrescere il suo senso di indignazione e vergogna.
Mas isso só aprofundou seu sentimento de indignação e vergonha.
Durante il viaggio la fame non lo disturbò molto.
Ele não se incomodou muito com a fome durante a viagem.
Ma la sete portava con sé dolori acuti e sofferenze insopportabili.
Mas a sede trazia uma dor aguda e um sofrimento insuportável.
La sua gola secca e infiammata e la lingua bruciavano per il calore.
Sua garganta e língua secas e inflamadas queimavam de calor.
Questo dolore alimentava la febbre che cresceva nel suo corpo orgoglioso.
Essa dor alimentava a febre que crescia em seu corpo orgulhoso.
Durante questa prova Buck fu grato per una sola cosa.
Buck ficou grato por uma única coisa durante esse julgamento.
Gli avevano tolto la corda dal grosso collo.
A corda havia sido retirada de seu pescoço grosso.
La corda aveva dato a quegli uomini un vantaggio ingiusto e crudele.
A corda deu àqueles homens uma vantagem injusta e cruel.
Ora la corda non c'era più e Buck giurò che non sarebbe mai più tornata.
Agora a corda havia sumido, e Buck jurou que ela nunca mais voltaria.
Decise che nessuna corda gli sarebbe mai più passata intorno al collo.
Ele decidiu que nunca mais colocaria uma corda em seu pescoço.
Per due lunghi giorni e due lunghe notti soffrì senza cibo.
Durante dois longos dias e noites, ele sofreu sem comida.

E in quelle ore, accumulò dentro di sé una rabbia enorme.
E nessas horas ele acumulava uma raiva enorme dentro de si.
I suoi occhi diventarono iniettati di sangue e selvaggi per la rabbia costante.
Seus olhos ficaram vermelhos e selvagens devido à raiva constante.
Non era più Buck, ma un demone con le fauci che schioccavano.
Ele não era mais Buck, mas um demônio com mandíbulas afiadas.
Nemmeno il Giudice avrebbe potuto riconoscere questa folle creatura.
Nem mesmo o Juiz reconheceria essa criatura louca.
I messaggeri espressi tirarono un sospiro di sollievo quando giunsero a Seattle
Os mensageiros expressos suspiraram de alívio quando chegaram a Seattle
Quattro uomini sollevarono la cassa e la portarono in un cortile sul retro.
Quatro homens levantaram a caixa e a levaram para um quintal.
Il cortile era piccolo, circondato da mura alte e solide.
O pátio era pequeno, cercado por muros altos e sólidos.
Un uomo corpulento uscì dalla stanza con una scollatura larga e una camicia rossa.
Um homem grande saiu vestindo uma camisa vermelha larga.
Firmò il registro delle consegne con una calligrafia spessa e decisa.
Ele assinou o livro de entrega com uma letra grossa e ousada.
Buck intuì subito che quell'uomo era il suo prossimo aguzzino.
Buck percebeu imediatamente que aquele homem seria seu próximo algoz.
Si lanciò violentemente contro le sbarre, con gli occhi rossi di rabbia.
Ele investiu violentamente contra as barras, com os olhos vermelhos de fúria.

L'uomo si limitò a sorridere amaramente e andò a prendere un'ascia.
O homem apenas deu um sorriso sombrio e foi buscar um machado.
Teneva anche una mazza nella sua grossa e forte mano destra.
Ele também trouxe um porrete em sua grossa e forte mão direita.
"Lo porterai fuori adesso?" chiese l'autista preoccupato.
"Você vai tirá-lo agora?", perguntou o motorista, preocupado.
"Certo", disse l'uomo, infilando l'ascia nella cassa come se fosse una leva.
"Claro", disse o homem, enfiando o machado na caixa como uma alavanca.
I quattro uomini si dileguarono all'istante, saltando sul muro del cortile.
Os quatro homens se espalharam instantaneamente, pulando no muro do pátio.
Dai loro punti sicuri in alto, aspettavano di ammirare lo spettacolo.
De seus lugares seguros acima, eles esperaram para assistir ao espetáculo.
Buck si lanciò contro il legno scheggiato, mordendolo e scuotendolo violentemente.
Buck investiu contra a madeira lascada, mordendo e sacudindo ferozmente.
Ogni volta che l'ascia colpiva la gabbia, Buck era lì pronto ad attaccarla.
Cada vez que o machado batia na gaiola, Buck estava lá para atacá-lo.
Ringhiò e schioccò le dita in preda a una rabbia selvaggia, desideroso di essere liberato.
Ele rosnou e estalou com raiva selvagem, ansioso para ser libertado.
L'uomo all'esterno era calmo e fermo, concentrato sul suo compito.

O homem lá fora estava calmo e firme, concentrado em sua tarefa.

"Bene allora, diavolo dagli occhi rossi", disse quando il buco fu grande.

"Certo então, seu demônio de olhos vermelhos", ele disse quando o buraco ficou grande.

Lasciò cadere l'ascia e prese la mazza nella mano destra.

Ele largou o machado e pegou o porrete na mão direita.

Buck sembrava davvero un diavolo: aveva gli occhi iniettati di sangue e fiammeggianti.

Buck realmente parecia um demônio; olhos vermelhos e flamejantes.

Il suo pelo si rizzò, la schiuma gli salì alla bocca e gli occhi brillarono.

Seu pelo estava eriçado, espuma saía de sua boca e seus olhos brilhavam.

Lui tese i muscoli e si lanciò dritto verso il maglione rosso.

Ele contraiu os músculos e saltou direto para o suéter vermelho.

Centoquaranta libbre di furia si riversarono sull'uomo calmo.

Cento e quarenta libras de fúria voaram em direção ao homem calmo.

Un attimo prima che le sue fauci si chiudessero, un colpo terribile lo colpì.

Pouco antes de suas mandíbulas se fecharem, um golpe terrível o atingiu.

I suoi denti si schioccarono insieme solo sull'aria

Seus dentes estalaram em nada além de ar

una scossa di dolore gli risuonò nel corpo

uma pontada de dor reverberou por seu corpo

Si capovolse a mezz'aria e cadde sulla schiena e su un fianco.

Ele girou no ar e caiu de costas e de lado.

Non aveva mai sentito prima un colpo di mazza e non riusciva a sostenerlo.

Ele nunca havia sentido um golpe de taco antes e não conseguia segurá-lo.

Con un ringhio acuto, in parte abbaio, in parte urlo, saltò di nuovo.
Com um rosnado estridente, parte latido, parte grito, ele saltou novamente.

Un altro colpo violento lo colpì e lo scaraventò a terra.
Outro golpe brutal o atingiu e o jogou no chão.

Questa volta Buck capì: era la pesante clava dell'uomo.
Desta vez, Buck entendeu: era o pesado porrete do homem.

Ma la rabbia lo accecò e non pensò minimamente di ritirarsi.
Mas a raiva o cegou, e ele não pensou em recuar.

Dodici volte si lanciò e dodici volte cadde.
Doze vezes ele se lançou e doze vezes caiu.

La mazza di legno lo colpiva ogni volta con una forza spietata e schiacciante.
O porrete de madeira o esmagava todas as vezes com uma força implacável e esmagadora.

Dopo un colpo violento, si rialzò barcollando, stordito e lento.
Depois de um golpe violento, ele cambaleou e ficou de pé, atordoado e lento.

Il sangue gli colava dalla bocca, dal naso e perfino dalle orecchie.
Sangue escorria de sua boca, nariz e até mesmo de suas orelhas.

Il suo mantello, un tempo bellissimo, era imbrattato di schiuma insanguinata.
Seu pelo, antes lindo, estava manchado de espuma ensanguentada.

Poi l'uomo si fece avanti e gli sferrò un violento colpo al naso.
Então o homem se aproximou e desferiu um golpe violento no nariz.

L'agonia fu più acuta di qualsiasi cosa Buck avesse mai provato.
A agonia era mais aguda do que qualquer coisa que Buck já havia sentido.

Con un ruggito più da bestia che da cane, balzò di nuovo all'attacco.
Com um rugido mais de animal do que de cachorro, ele saltou novamente para atacar.
Ma l'uomo gli afferrò la mascella inferiore e la torse all'indietro.
Mas o homem agarrou seu maxilar inferior e o torceu para trás.
Buck si girò a testa in giù e cadde di nuovo violentemente al suolo.
Buck virou de cabeça para baixo e caiu com força novamente.
Un'ultima volta, Buck si lanciò verso di lui, ormai a malapena in grado di reggersi in piedi.
Uma última vez, Buck investiu contra ele, agora mal conseguindo ficar de pé.
L'uomo colpì con sapiente tempismo, sferrando il colpo finale.
O homem atacou com precisão e precisão, desferindo o golpe final.
Buck crollò a terra, privo di sensi e immobile.
Buck caiu no chão, inconsciente e imóvel.
"Non è uno stupido ad addestrare i cani, ecco cosa dico io", urlò un uomo.
"Ele não é nenhum idiota em domar cães, é o que eu digo", gritou um homem.
"Druther può spezzare la volontà di un segugio in qualsiasi giorno della settimana."
"Druther pode quebrar a vontade de um cão em qualquer dia da semana."
"E due volte di domenica!" aggiunse l'autista.
"E duas vezes num domingo!" acrescentou o motorista.
Salì sul carro e tirò le redini per partire.
Ele subiu na carroça e estalou as rédeas para sair.
Buck riprese lentamente il controllo della sua coscienza
Buck recuperou lentamente o controle de sua consciência
ma il suo corpo era ancora troppo debole e rotto per muoversi.

mas seu corpo ainda estava muito fraco e quebrado para se mover.

Rimase lì dove era caduto, osservando l'uomo con il maglione rosso.

Ele ficou deitado onde havia caído, observando o homem de suéter vermelho.

"Risponde al nome di Buck", disse l'uomo, leggendo ad alta voce.

"Ele atende pelo nome de Buck", disse o homem, lendo em voz alta.

Citò la nota inviata con la cassa di Buck e i dettagli.

Ele citou a nota enviada com a caixa de Buck e detalhes.

"Bene, Buck, ragazzo mio", continuò l'uomo con tono amichevole,

"Bem, Buck, meu rapaz", continuou o homem com um tom amigável,

"Abbiamo avuto il nostro piccolo litigio, e ora tra noi è finita."

"tivemos nossa pequena briga, e agora acabou entre nós."

"Tu hai imparato qual è il tuo posto, e io ho imparato qual è il mio", ha aggiunto.

"Você aprendeu o seu lugar e eu aprendi o meu", acrescentou.

"Sii buono e tutto andrà bene e la vita sarà piacevole."

"Seja bom, e tudo correrá bem, e a vida será agradável."

"Ma se sei cattivo, ti spaccherò a morte, capito?"

"Mas seja mau e eu vou te dar uma surra, entendeu?"

Mentre parlava, allungò la mano e accarezzò la testa dolorante di Buck.

Enquanto falava, ele estendeu a mão e afagou a cabeça dolorida de Buck.

I capelli di Buck si rizzarono al tocco dell'uomo, ma lui non oppose resistenza.

Os cabelos de Buck se arrepiaram ao toque do homem, mas ele não resistiu.

L'uomo gli portò dell'acqua e Buck la bevve a grandi sorsi.

O homem trouxe-lhe água, que Buck bebeu em grandes goles.

Poi arrivò la carne cruda, che Buck divorò pezzo per pezzo.

Depois veio a carne crua, que Buck devorou pedaço por pedaço.

Sapeva di essere stato sconfitto, ma sapeva anche di non essere distrutto.
Ele sabia que estava derrotado, mas também sabia que não estava quebrado.

Non aveva alcuna possibilità contro un uomo armato di manganello.
Ele não tinha chance contra um homem armado com um porrete.

Aveva imparato la verità e non dimenticò mai quella lezione.
Ele aprendeu a verdade e nunca esqueceu essa lição.

Quell'arma segnò l'inizio della legge nel nuovo mondo di Buck.
Aquela arma foi o início da lei no novo mundo de Buck.

Fu l'inizio di un ordine duro e primitivo che non poteva negare.
Foi o início de uma ordem dura e primitiva que ele não podia negar.

Accettò la verità: i suoi istinti selvaggi erano ormai risvegliati.
Ele aceitou a verdade; seus instintos selvagens agora estavam despertos.

Il mondo era diventato più duro, ma Buck lo affrontò coraggiosamente.
O mundo ficou mais duro, mas Buck o enfrentou bravamente.

Affrontò la vita con una nuova cautela, astuzia e una forza silenziosa.
Ele enfrentou a vida com nova cautela, astúcia e força silenciosa.

Arrivarono altri cani, legati con corde o gabbie, come era successo a Buck.
Mais cães chegaram, amarrados em cordas ou caixas, como Buck havia estado.

Alcuni cani procedevano con calma, altri si infuriavano e combattevano come bestie feroci.

Alguns cães vinham calmamente, outros se enfureciam e lutavam como feras selvagens.
Tutti loro furono sottoposti al dominio dell'uomo con il maglione rosso.
Todos eles foram colocados sob o domínio do homem de suéter vermelho.
Ogni volta Buck osservava e vedeva svolgersi la stessa lezione.
Cada vez, Buck observava e via a mesma lição se desenrolar.
L'uomo con la clava era la legge: un padrone a cui obbedire.
O homem com o porrete era a lei; um mestre a ser obedecido.
Non era necessario che gli piacesse, ma che gli si obbedisse.
Ele não precisava ser gostado, mas tinha que ser obedecido.
Buck non si è mai mostrato adulatore o scodinzolante come facevano i cani più deboli.
Buck nunca bajulava ou abanava o rabo como os cães mais fracos faziam.
Vide dei cani che erano stati picchiati e che continuavano a leccare la mano dell'uomo.
Ele viu cães que foram espancados e ainda lamberam a mão do homem.
Vide un cane che non obbediva né si sottometteva affatto.
Ele viu um cachorro que não obedecia nem se submetia.
Quel cane ha combattuto fino alla morte nella battaglia per il controllo.
Aquele cão lutou até ser morto na batalha pelo controle.
A volte degli sconosciuti venivano a trovare l'uomo con il maglione rosso.
Às vezes, estranhos vinham ver o homem de suéter vermelho.
Parlavano con toni strani, supplicando, contrattando e ridendo.
Eles falavam em tons estranhos, implorando, barganhando e rindo.
Dopo aver scambiato i soldi, se ne andavano con uno o più cani.
Quando o dinheiro era trocado, eles saíam com um ou mais cães.

Buck si chiese dove andassero questi cani, perché nessuno faceva mai ritorno.
Buck se perguntou para onde esses cães foram, pois nenhum deles jamais retornou.

la paura dell'ignoto riempiva Buck ogni volta che un uomo sconosciuto si avvicinava
O medo do desconhecido enchia Buck toda vez que um homem estranho aparecia

era contento ogni volta che veniva preso un altro cane, al posto suo.
ele ficava feliz cada vez que outro cachorro era levado, em vez dele.

Ma alla fine arrivò il turno di Buck con l'arrivo di uno strano uomo.
Mas finalmente chegou a vez de Buck com a chegada de um homem estranho.

Era piccolo, nervoso e parlava un inglese stentato e imprecava.
Ele era pequeno, magro, falava um inglês quebrado e xingava.

"Sacredam!" urlò quando vide il corpo di Buck.
"Sacredam!" ele gritou quando pôs os olhos no corpo de Buck.

"Che cane maledetto e prepotente! Eh? Quanto costa?" chiese ad alta voce.
"Esse cachorro é um valentão! Hein? Quanto?", perguntou ele em voz alta.

"Trecento, ed è un regalo a quel prezzo",
"Trezentos, e ele é um presente por esse preço,"

"Dato che sono soldi del governo, non dovresti lamentarti, Perrault."
"Já que é dinheiro do governo, você não deveria reclamar, Perrault."

Perrault sorrise pensando all'accordo che aveva appena concluso con quell'uomo.
Perrault sorriu para o acordo que tinha acabado de fazer com o homem.

Il prezzo dei cani è salito alle stelle a causa della domanda improvvisa.

O preço dos cães disparou devido à demanda repentina.
Trecento dollari non erano ingiusti per una bestia così bella.
Trezentos dólares não era injusto por um animal tão bom.
Il governo canadese non perderebbe nulla dall'accordo
O governo canadense não perderia nada no acordo
Né i loro comunicati ufficiali avrebbero subito ritardi nel trasporto.
Nem seus despachos oficiais seriam atrasados no trânsito.
Perrault conosceva bene i cani e capì che Buck era una rarità.
Perrault conhecia bem os cães e podia ver que Buck era algo raro.
"Uno su dieci diecimila", pensò, mentre studiava la corporatura di Buck.
"Um em dez mil", pensou ele, enquanto estudava a constituição física de Buck.
Buck vide il denaro cambiare di mano, ma non mostrò alcuna sorpresa.
Buck viu o dinheiro mudar de mãos, mas não demonstrou surpresa.
Poco dopo lui e Curly, un gentile Terranova, furono portati via.
Logo ele e Curly, um dócil Terra Nova, foram levados embora.
Seguirono l'omino dal cortile della casa con il maglione rosso.
Eles seguiram o homenzinho do quintal do suéter vermelho.
Quella fu l'ultima volta che Buck vide l'uomo con la mazza di legno.
Essa foi a última vez que Buck viu o homem com o porrete de madeira.
Dal ponte del Narwhal guardò Seattle svanire in lontananza.
Do convés do Narwhal, ele observou Seattle desaparecer na distância.
Fu anche l'ultima volta che vide le calde terre del Sud.
Foi também a última vez que ele viu a cálida região de Southland.
Perrault li portò sottocoperta e li lasciò con François.

Perrault os levou para o convés inferior e os deixou com François.

François era un gigante con la faccia nera e le mani ruvide e callose.

François era um gigante de rosto negro e mãos ásperas e calejadas.

Era un uomo dalla carnagione scura e dalla carnagione scura, un meticcio franco-canadese.

Ele era moreno e mestiço franco-canadense.

Per Buck, quegli uomini erano come non li aveva mai visti prima.

Para Buck, esses homens eram de um tipo que ele nunca tinha visto antes.

Nei giorni a venire avrebbe avuto modo di conoscere molti di questi uomini.

Ele conheceria muitos homens assim nos dias seguintes.

Non cominciò ad affezionarsi a loro, ma finì per rispettarli.

Ele não gostava deles, mas passou a respeitá-los.

Erano giusti e saggi e non si lasciavano ingannare facilmente da nessun cane.

Eles eram justos e sábios, e não eram facilmente enganados por nenhum cão.

Giudicavano i cani con calma e punivano solo quando meritavano.

Eles julgavam os cães com calma e puniam apenas quando merecido.

Sul ponte inferiore del Narwhal, Buck e Curly incontrarono due cani.

No convés inferior do Narwhal, Buck e Curly encontraram dois cães.

Uno era un grosso cane bianco proveniente dalle lontane e gelide isole Spitzbergen.

Um deles era um grande cão branco da distante e gelada Spitzbergen.

In passato aveva navigato su una baleniera e si era unito a un gruppo di ricerca.

Certa vez, ele navegou com um baleeiro e se juntou a um grupo de pesquisa.
Era amichevole, ma astuto, subdolo e subdolo.
Ele era amigável de uma forma astuta, dissimulada e ardilosa.
Al loro primo pasto, rubò un pezzo di carne dalla padella di Buck.
Na primeira refeição, ele roubou um pedaço de carne da panela de Buck.
Buck saltò per punirlo, ma la frusta di François colpì per prima.
Buck saltou para puni-lo, mas o chicote de François o atingiu primeiro.
Il ladro bianco urlò e Buck reclamò l'osso rubato.
O ladrão branco gritou, e Buck recuperou o osso roubado.
Questa correttezza colpì Buck e François si guadagnò il suo rispetto.
Essa justiça impressionou Buck, e François conquistou seu respeito.
L'altro cane non lo salutò e non volle nessuno in cambio.
O outro cão não cumprimentou e não quis receber nada em troca.
Non rubava il cibo, né annusava con interesse i nuovi arrivati.
Ele não roubou comida, nem cheirou os recém-chegados com interesse.
Questo cane era cupo e silenzioso, cupo e lento nei movimenti.
Este cão era sombrio e quieto, sombrio e lento.
Avvertì Curly di stargli lontano semplicemente lanciandole un'occhiata fulminante.
Ele avisou Curly para ficar longe, simplesmente olhando feio para ela.
Il suo messaggio era chiaro: lasciatemi in pace o saranno guai.
Sua mensagem foi clara: deixe-me em paz ou haverá problemas.

Si chiamava Dave e non faceva quasi caso a ciò che lo circondava.
Ele se chamava Dave e mal notava o que estava ao seu redor.
Dormiva spesso, mangiava tranquillamente e sbadigliava di tanto in tanto.
Ele dormia bastante, comia em silêncio e bocejava de vez em quando.

La nave ronzava costantemente con il rumore dell'elica sottostante.
O navio zumbia constantemente com a hélice batendo abaixo.
I giorni passarono senza grandi cambiamenti, ma il clima si fece più freddo.
Os dias passaram com pouca mudança, mas o clima ficou mais frio.
Buck se lo sentiva nelle ossa e notò che anche gli altri lo sentivano.
Buck podia sentir isso em seus ossos e percebeu que os outros também sentiam.
Poi una mattina l'elica si fermò e tutto rimase immobile.
Então, uma manhã, a hélice parou e tudo ficou quieto.
Un'energia percorse la nave: qualcosa era cambiato.
Uma energia percorreu a nave; algo havia mudado.
François scese, li mise al guinzaglio e li portò su.
François desceu, prendeu-os nas coleiras e os trouxe para cima.
Buck uscì e trovò il terreno morbido, bianco e freddo.
Buck saiu e encontrou o chão macio, branco e frio.
Lui fece un balzo indietro allarmato e sbuffò in preda alla confusione più totale.
Ele pulou para trás, alarmado, e bufou, totalmente confuso.
Una strana sostanza bianca cadeva dal cielo grigio.
Uma coisa branca estranha estava caindo do céu cinza.
Si scosse, ma i fiocchi bianchi continuavano a cadergli addosso.
Ele se sacudiu, mas os flocos brancos continuavam caindo nele.

Annusò attentamente la sostanza bianca e ne leccò alcuni pezzetti ghiacciati.
Ele cheirou a substância branca cuidadosamente e lambeu alguns pedaços congelados.
La polvere bruciò come il fuoco e poi svanì subito dalla sua lingua.
O pó queimou como fogo e depois desapareceu de sua língua.
Buck ci riprovò, sconcertato dallo strano freddo che svaniva.
Buck tentou novamente, intrigado pelo estranho frio que desaparecia.
Gli uomini intorno a lui risero e Buck si sentì in imbarazzo.
Os homens ao redor dele riram e Buck se sentiu envergonhado.
Non sapeva perché, ma si vergognava della sua reazione.
Ele não sabia porquê, mas estava envergonhado de sua reação.
Era la sua prima esperienza con la neve e la cosa lo confuse.
Foi sua primeira experiência com neve e isso o deixou confuso.

La legge del bastone e della zanna
A Lei do Clube e da Presa

Il primo giorno di Buck sulla spiaggia di Dyea è stato un terribile incubo.
O primeiro dia de Buck na praia de Dyea pareceu um pesadelo terrível.
Ogni ora portava con sé nuovi shock e cambiamenti inaspettati per Buck.
Cada hora trazia novos choques e mudanças inesperadas para Buck.
Era stato strappato alla civiltà e gettato nel caos più totale.
Ele foi arrancado da civilização e jogado no caos selvagem.
Questa non era una vita soleggiata e pigra, fatta di noia e riposo.
Não era uma vida ensolarada, preguiçosa, cheia de tédio e descanso.
Non c'era pace, né riposo, né momento senza pericolo.
Não havia paz, nem descanso, nem momento algum sem perigo.
La confusione regnava su tutto e il pericolo era sempre vicino.
A confusão reinava em tudo e o perigo estava sempre por perto.
Buck doveva stare attento perché quegli uomini e quei cani erano diversi.
Buck teve que ficar alerta porque esses homens e cães eram diferentes.
Non provenivano da città; erano selvaggi e spietati.
Eles não eram de cidades; eram selvagens e sem misericórdia.
Questi uomini e questi cani conoscevano solo la legge del bastone e della zanna.
Esses homens e cães só conheciam a lei da clava e das presas.
Buck non aveva mai visto dei cani combattere come questi feroci husky.
Buck nunca tinha visto cães brigarem como esses huskies selvagens.

La sua prima esperienza gli insegnò una lezione che non avrebbe mai dimenticato.
Sua primeira experiência lhe ensinou uma lição que ele nunca esqueceria.
Fu una fortuna che non fosse lui, altrimenti sarebbe morto anche lui.
Ele teve sorte de não ter sido ele, ou ele também teria morrido.
Curly era quello che soffriva, mentre Buck osservava e imparava.
Curly foi quem sofreu enquanto Buck observava e aprendia.
Si erano accampati vicino a un deposito costruito con tronchi.
Eles montaram acampamento perto de uma loja construída com toras.
Curly cercò di essere amichevole con un grosso husky simile a un lupo.
Curly tentou ser amigável com um grande husky parecido com um lobo.
L'husky era più piccolo di Curly, ma aveva un aspetto selvaggio e cattivo.
O husky era menor que Curly, mas parecia selvagem e malvado.
Senza preavviso, lui saltò su e le tagliò il viso.
Sem aviso, ele pulou e abriu o rosto dela.
Con un solo movimento i suoi denti le tagliarono l'occhio fino alla mascella.
Os dentes dele cortaram do olho dela até o maxilar em um só movimento.
Ecco come combattevano i lupi: colpivano velocemente e saltavano via.
Era assim que os lobos lutavam: atacavam rápido e pulavam para longe.
Ma c'era molto di più da imparare da quell'unico attacco.
Mas havia mais a aprender do que apenas naquele ataque.
Decine di husky si precipitarono dentro e formarono un cerchio silenzioso.

Dezenas de huskies correram e formaram um círculo silencioso.
Osservavano attentamente e si leccavano le labbra per la fame.
Eles observavam atentamente e lambiam os lábios de fome.
Buck non capiva il loro silenzio né i loro occhi ansiosi.
Buck não entendia o silêncio deles nem seus olhares ansiosos.
Curly si lanciò ad attaccare l'husky una seconda volta.
Curly correu para atacar o husky uma segunda vez.
Usò il suo petto per buttarla a terra con un movimento violento.
Ele usou o peito para derrubá-la com um movimento forte.
Cadde su un fianco e non riuscì più a rialzarsi.
Ela caiu de lado e não conseguiu se levantar.
Era proprio quello che gli altri aspettavano da tempo.
Era isso que os outros estavam esperando o tempo todo.
Gli husky le saltarono addosso, guaindo e ringhiando freneticamente.
Os huskies pularam sobre ela, gritando e rosnando freneticamente.
Lei urlò mentre la seppellivano sotto una pila di cani.
Ela gritou quando a enterraram sob uma pilha de cachorros.
L'attacco fu così rapido che Buck rimase immobile per lo shock.
O ataque foi tão rápido que Buck ficou paralisado em choque.
Vide Spitz tirare fuori la lingua in un modo che sembrava una risata.
Ele viu Spitz colocar a língua para fora de um jeito que parecia uma risada.
François afferrò un'ascia e corse dritto verso il gruppo di cani.
François pegou um machado e correu direto para o grupo de cães.
Altri tre uomini hanno usato dei manganelli per allontanare gli husky.
Três outros homens usaram cassetetes para ajudar a espantar os huskies.

In soli due minuti la lotta finì e i cani se ne andarono.
Em apenas dois minutos, a luta acabou e os cães foram embora.
Curly giaceva morta nella neve rossa calpestata, con il corpo fatto a pezzi.
Curly jazia morta na neve vermelha e pisoteada, com o corpo despedaçado.
Un uomo dalla pelle scura era in piedi davanti a lei, maledicendo la scena brutale.
Um homem de pele escura estava de pé sobre ela, amaldiçoando a cena brutal.
Il ricordo rimase con Buck e ossessionò i suoi sogni notturni.
A lembrança permaneceu com Buck e assombrava seus sonhos à noite.
Ecco come funzionava: niente equità, niente seconda possibilità.
Esse era o jeito aqui: sem justiça, sem segunda chance.
Una volta caduto un cane, gli altri lo uccidevano senza pietà.
Quando um cachorro caía, os outros o matavam sem piedade.
Buck decise allora che non si sarebbe mai lasciato cadere.
Buck decidiu então que nunca se deixaria cair.
Spitz tirò fuori di nuovo la lingua e rise guardando il sangue.
Spitz mostrou a língua novamente e riu do sangue.
Da quel momento in poi, Buck odiò Spitz con tutto il cuore.
Daquele momento em diante, Buck odiou Spitz de todo o coração.

Prima che Buck potesse riprendersi dalla morte di Curly, accadde qualcosa di nuovo.
Antes que Buck pudesse se recuperar da morte de Curly, algo novo aconteceu.
François si avvicinò e legò qualcosa attorno al corpo di Buck.
François se aproximou e amarrou algo ao redor do corpo de Buck.
Era un'imbracatura simile a quelle usate per i cavalli al ranch.

Era um arreio como os usados nos cavalos da fazenda.
Così come Buck aveva visto lavorare i cavalli, ora era costretto a lavorare anche lui.
Assim como Buck tinha visto os cavalos trabalharem, agora ele também era obrigado a trabalhar.
Dovette trascinare François su una slitta nella foresta vicina.
Ele teve que puxar François em um trenó para a floresta próxima.
Poi dovette trascinare indietro un pesante carico di legna da ardere.
Depois ele teve que puxar uma carga pesada de lenha.
Buck era orgoglioso e gli faceva male essere trattato come un animale da lavoro.
Buck era orgulhoso, então ficava magoado ao ser tratado como um animal de trabalho.
Ma era saggio e non cercò di combattere la nuova situazione.
Mas ele era sábio e não tentou lutar contra a nova situação.
Accettò la sua nuova vita e diede il massimo in ogni compito.
Ele aceitou sua nova vida e deu o melhor de si em cada tarefa.
Tutto di quel lavoro gli risultava strano e sconosciuto.
Tudo no trabalho era estranho e desconhecido para ele.
François era severo e pretendeva obbedienza senza indugio.
Francisco era rigoroso e exigia obediência sem demora.
La sua frusta garantiva che ogni comando venisse eseguito immediatamente.
Seu chicote garantia que cada comando fosse seguido imediatamente.
Dave era il timoniere, il cane più vicino alla slitta dietro Buck.
Dave era o condutor do trenó, e o cachorro ficava mais próximo dele, atrás de Buck.
Se commetteva un errore, Dave mordeva Buck sulle zampe posteriori.
Dave mordia Buck nas patas traseiras se ele cometesse um erro.
Spitz era il cane guida, abile ed esperto nel ruolo.

Spitz era o cão líder, habilidoso e experiente na função.
Spitz non riusciva a raggiungere Buck facilmente, ma lo corresse comunque.
Spitz não conseguiu alcançar Buck facilmente, mas mesmo assim o corrigiu.
Ringhiava aspramente o tirava la slitta in modi che insegnavano a Buck.
Ele rosnava asperamente ou puxava o trenó de um jeito que ensinava Buck.
Grazie a questo addestramento, Buck imparò più velocemente di quanto tutti si aspettassero.
Com esse treinamento, Buck aprendeu mais rápido do que qualquer um deles esperava.
Lavorò duramente e imparò sia da François che dagli altri cani.
Ele trabalhou duro e aprendeu com François e os outros cães.
Quando tornarono, Buck conosceva già i comandi chiave.
Quando retornaram, Buck já conhecia os comandos principais.
Imparò a fermarsi al suono della parola "oh" di François.
Ele aprendeu a parar ao som de "ho" com François.
Imparò quando era il momento di tirare la slitta e correre.
Ele aprendeu quando tinha que puxar o trenó e correr.
Imparò a svoltare senza problemi nelle curve del sentiero.
Ele aprendeu a fazer curvas abertas na trilha sem problemas.
Imparò anche a evitare Dave quando la slitta scendeva velocemente.
Ele também aprendeu a evitar Dave quando o trenó descia rapidamente.
"Sono cani molto buoni", disse orgoglioso François a Perrault.
"Eles são cães muito bons", disse François orgulhosamente a Perrault.
"Quel Buck tira come un dannato, glielo insegno subito."
"Aquele Buck puxa muito bem, eu o ensino rápido como nunca."

Più tardi quel giorno, Perrault tornò con altri due husky.

Mais tarde naquele dia, Perrault voltou com mais dois cães husky.
Si chiamavano Billee e Joe ed erano fratelli.
Os nomes deles eram Billee e Joe, e eles eram irmãos.
Provenivano dalla stessa madre, ma non erano affatto simili.
Eles vieram da mesma mãe, mas não eram nada parecidos.
Billee era un tipo dolce e molto amichevole con tutti.
Billee era doce e muito amigável com todos.
Joe era l'opposto: silenzioso, arrabbiato e sempre ringhiante.
Joe era o oposto: quieto, irritado e sempre rosnando.
Buck li salutò amichevolmente e si mantenne calmo con entrambi.
Buck os cumprimentou de forma amigável e estava calmo com ambos.
Dave non prestò loro attenzione e rimase in silenzio come al solito.
Dave não prestou atenção neles e permaneceu em silêncio, como sempre.
Spitz attaccò prima Billee, poi Joe, per dimostrare la sua superiorità.
Spitz atacou primeiro Billee, depois Joe, para mostrar seu domínio.
Billee scodinzolava e cercava di essere amichevole con Spitz.
Billee abanou o rabo e tentou ser amigável com Spitz.
Quando questo non funzionò, cercò di scappare.
Quando isso não funcionou, ele tentou fugir.
Pianse tristemente quando Spitz lo morse forte sul fianco.
Ele chorou tristemente quando Spitz o mordeu com força na lateral do corpo.
Ma Joe era molto diverso e si rifiutava di farsi prendere in giro.
Mas Joe era muito diferente e se recusava a ser intimidado.
Ogni volta che Spitz si avvicinava, Joe si girava velocemente per affrontarlo.
Toda vez que Spitz se aproximava, Joe se virava rapidamente para encará-lo.

La sua pelliccia si drizzò, le sue labbra si arricciarono e i suoi denti schioccarono selvaggiamente.
Seus pelos se eriçaram, seus lábios se curvaram e seus dentes estalaram violentamente.
Gli occhi di Joe brillavano di paura e rabbia, sfidando Spitz a colpire.
Os olhos de Joe brilharam de medo e raiva, desafiando Spitz a atacar.
Spitz abbandonò la lotta e si voltò, umiliato e arrabbiato.
Spitz desistiu da luta e se virou, humilhado e irritado.
Sfogò la sua frustrazione sul povero Billee e lo cacciò via.
Ele descontou sua frustração no pobre Billee e o expulsou.
Quella sera Perrault aggiunse un altro cane alla squadra.
Naquela noite, Perrault acrescentou mais um cão à equipe.
Questo cane era vecchio, magro e coperto di cicatrici di battaglia.
Este cão era velho, magro e coberto de cicatrizes de batalha.
Gli mancava un occhio, ma l'altro brillava di potere.
Um dos seus olhos estava faltando, mas o outro brilhava com poder.
Il nome del nuovo cane era Solleks, che significa "l'Arrabbiato".
O nome do novo cachorro era Solleks, que significa o Zangado.
Come Dave, Solleks non chiedeva nulla agli altri e non dava nulla in cambio.
Assim como Dave, Solleks não pedia nada aos outros e não dava nada em troca.
Quando Solleks entrò lentamente nell'accampamento, persino Spitz rimase lontano.
Quando Solleks caminhou lentamente em direção ao acampamento, até Spitz ficou longe.
Aveva una strana abitudine che Buck ebbe la sfortuna di scoprire.
Ele tinha um hábito estranho que Buck teve o azar de descobrir.
Solleks detestava essere avvicinato dal lato in cui era cieco.

Solleks odiava ser abordado pelo lado em que era cego.
Buck non lo sapeva e commise quell'errore per sbaglio.
Buck não sabia disso e cometeu esse erro por acidente.
Solleks si voltò di scatto e colpì la spalla di Buck in modo profondo e rapido.
Solleks girou e golpeou o ombro de Buck de forma rápida e profunda.
Da quel momento in poi, Buck non si avvicinò mai più al lato cieco di Solleks.
Daquele momento em diante, Buck nunca mais chegou perto do ponto cego de Solleks.
Non ebbero mai più problemi per il resto del tempo che trascorsero insieme.
Eles nunca mais tiveram problemas durante o tempo que passaram juntos.
Solleks voleva solo essere lasciato solo, come il tranquillo Dave.
Solleks só queria ficar sozinho, como o quieto Dave.
Ma Buck avrebbe scoperto in seguito che ognuno di loro aveva un altro obiettivo segreto.
Mas Buck descobriria mais tarde que cada um deles tinha outro objetivo secreto.
Quella notte Buck si trovò ad affrontare una nuova e preoccupante sfida: come dormire.
Naquela noite, Buck enfrentou um novo e preocupante desafio: como dormir.
La tenda era illuminata caldamente dalla luce delle candele nel campo innevato.
A tenda brilhava intensamente com a luz de velas no campo nevado.
Buck entrò, pensando che lì avrebbe potuto riposare come prima.
Buck entrou, pensando que poderia descansar ali como antes.
Ma Perrault e François gli urlarono contro e gli tirarono delle padelle.
Mas Perrault e François gritaram com ele e jogaram panelas.
Sconvolto e confuso, Buck corse fuori nel freddo gelido.

Chocado e confuso, Buck correu para o frio congelante.
Un vento gelido gli pungeva la spalla ferita e gli congelava le zampe.
Um vento cortante atingiu seu ombro ferido e congelou suas patas.
Si sdraiò sulla neve e cercò di dormire all'aperto.
Ele deitou-se na neve e tentou dormir ao relento.
Ma il freddo lo costrinse presto a rialzarsi, tremando forte.
Mas o frio logo o forçou a se levantar, tremendo muito.
Vagò per l'accampamento, cercando di trovare un posto più caldo.
Ele vagou pelo acampamento, tentando encontrar um lugar mais quente.
Ma ogni angolo era freddo come quello precedente.
Mas cada canto era tão frio quanto o anterior.
A volte dei cani feroci gli saltavano addosso dall'oscurità.
Às vezes, cães selvagens saltavam sobre ele da escuridão.
Buck drizzò il pelo, scoprì i denti e ringhiò in tono ammonitore.
Buck eriçou o pelo, mostrou os dentes e rosnou em advertência.
Lui stava imparando in fretta e gli altri cani si sono subito tirati indietro.
Ele estava aprendendo rápido, e os outros cães recuaram rapidamente.
Tuttavia, non aveva un posto dove dormire e non aveva idea di cosa fare.
Ainda assim, ele não tinha onde dormir e nem ideia do que fazer.
Alla fine gli venne in mente un pensiero: andare a dare un'occhiata ai suoi compagni di squadra.
Por fim, um pensamento lhe ocorreu: verificar seus companheiros de equipe.
Ritornò nella loro zona e rimase sorpreso nel constatare che non c'erano più.
Ele retornou à área deles e ficou surpreso ao descobrir que eles haviam sumido.

Cercò di nuovo nell'accampamento, ma ancora non riuscì a trovarli.
Ele procurou novamente pelo acampamento, mas ainda não conseguiu encontrá-los.
Sapeva che loro non potevano stare nella tenda, altrimenti ci sarebbe stato anche lui.
Ele sabia que eles não poderiam ficar na tenda, ou ele também ficaria.
E allora, dove erano finiti tutti i cani in quell'accampamento ghiacciato?
Então, para onde foram todos os cães neste acampamento congelado?
Buck, infreddolito e infelice, girò lentamente intorno alla tenda.
Buck, com frio e infeliz, circulou lentamente ao redor da tenda.
All'improvviso, le sue zampe anteriori sprofondarono nella neve soffice e lo spaventarono.
De repente, suas patas dianteiras afundaram na neve fofa e o assustaram.
Qualcosa si mosse sotto i suoi piedi e lui fece un salto indietro per la paura.
Algo se contorceu sob seus pés e ele pulou para trás, assustado.
Ringhiava e ringhiava, non sapendo cosa si nascondesse sotto la neve.
Ele rosnou e rosnou, sem saber o que havia sob a neve.
Poi udì un piccolo abbaio amichevole che placò la sua paura.
Então ele ouviu um latido amigável que aliviou seu medo.
Annusò l'aria e si avvicinò per vedere cosa fosse nascosto.
Ele cheirou o ar e se aproximou para ver o que estava escondido.
Sotto la neve, rannicchiata in una calda palla, c'era la piccola Billee.
Debaixo da neve, enrolada como uma bola quente, estava a pequena Billee.
Billee scodinzolò e leccò il muso di Buck per salutarlo.

Billee abanou o rabo e lambeu o rosto de Buck para cumprimentá-lo.

Buck vide come Billee si era costruito un posto per dormire nella neve.

Buck viu como Billee havia feito um lugar para dormir na neve.

Aveva scavato e sfruttato il suo calore per scaldarsi.

Ele cavou e usou seu próprio calor para se manter aquecido.

Buck aveva imparato un'altra lezione: ecco come dormivano i cani.

Buck aprendeu outra lição: era assim que os cães dormiam.

Scelse un posto e cominciò a scavare la sua buca nella neve.

Ele escolheu um local e começou a cavar seu próprio buraco na neve.

All'inizio si muoveva troppo e sprecava energie.

No começo, ele se movimentava muito e desperdiçava energia.

Ma ben presto il suo corpo riscaldò lo spazio e si sentì al sicuro.

Mas logo seu corpo aqueceu o espaço e ele se sentiu seguro.

Si rannicchiò forte e poco dopo si addormentò profondamente.

Ele se enrolou fortemente e em pouco tempo estava dormindo profundamente.

La giornata era stata lunga e dura e Buck era esausto.

O dia tinha sido longo e difícil, e Buck estava exausto.

Dormì profondamente e comodamente, anche se fece sogni selvaggi.

Ele dormia profundamente e confortavelmente, embora seus sonhos fossem selvagens.

Ringhiava e abbaiava nel sonno, contorcendosi mentre sognava.

Ele rosnou e latiu enquanto dormia, se contorcendo enquanto sonhava.

Buck non si svegliò finché l'accampamento non cominciò a prendere vita.

Buck só acordou quando o acampamento já estava ganhando vida.
All'inizio non sapeva dove si trovasse o cosa fosse successo.
No início, ele não sabia onde estava ou o que tinha acontecido.
La neve era caduta durante la notte e aveva seppellito completamente il suo corpo.
A neve caiu durante a noite e enterrou completamente seu corpo.
La neve lo circondava, fitta su tutti i lati.
A neve o comprimia por todos os lados.
All'improvviso un'ondata di paura percorse tutto il corpo di Buck.
De repente, uma onda de medo percorreu todo o corpo de Buck.
Era la paura di rimanere intrappolati, una paura che proveniva da istinti profondi.
Era o medo de ficar preso, um medo de instintos profundos.
Sebbene non avesse mai visto una trappola, la paura era viva dentro di lui.
Embora nunca tivesse visto uma armadilha, o medo vivia dentro dele.
Era un cane addomesticato, ma ora i suoi vecchi istinti selvaggi si stavano risvegliando.
Ele era um cão domesticado, mas agora seus velhos instintos selvagens estavam despertando.
I muscoli di Buck si irrigidirono e il pelo gli si rizzò su tutta la schiena.
Os músculos de Buck ficaram tensos e os pelos de suas costas ficaram eriçados.
Ringhiò furiosamente e balzò in piedi nella neve.
Ele rosnou ferozmente e saltou direto da neve.
La neve volava in ogni direzione mentre lui irrompeva nella luce del giorno.
A neve voava em todas as direções quando ele irrompeu na luz do dia.
Ancora prima di atterrare, Buck vide l'accampamento disteso davanti a lui.

Antes mesmo de pousar, Buck viu o acampamento se espalhando diante dele.

Ricordò tutto del giorno prima, tutto in una volta.

Ele se lembrou de tudo do dia anterior, de uma só vez.

Ricordava di aver passeggiato con Manuel e di essere finito in quel posto.

Ele se lembra de ter passeado com Manuel e ter chegado a esse lugar.

Ricordava di aver scavato la buca e di essersi addormentato al freddo.

Ele se lembrou de cavar o buraco e adormecer no frio.

Ora era sveglio e il mondo selvaggio intorno a lui era limpido.

Agora ele estava acordado, e o mundo selvagem ao seu redor estava claro.

Un grido di François annunciò l'improvvisa apparizione di Buck.

Um grito de François saudou a aparição repentina de Buck.

"Cosa ho detto?" gridò a gran voce il conducente del cane a Perrault.

"O que eu disse?" gritou alto o condutor do cão para Perrault.

"Quel Buck impara sicuramente in fretta", ha aggiunto François.

"Aquele Buck com certeza aprende rápido", acrescentou François.

Perrault annuì gravemente, visibilmente soddisfatto del risultato.

Perrault assentiu gravemente, claramente satisfeito com o resultado.

In qualità di corriere del governo canadese, trasportava dispacci.

Como mensageiro do governo canadense, ele transportava despachos.

Era ansioso di trovare i cani migliori per la sua importante missione.

Ele estava ansioso para encontrar os melhores cães para sua importante missão.

Ora si sentiva particolarmente contento che Buck facesse parte della squadra.
Ele se sentia especialmente satisfeito agora que Buck fazia parte da equipe.
Nel giro di un'ora, alla squadra furono aggiunti altri tre husky.
Mais três huskies foram adicionados à equipe em uma hora.
Ciò ha portato il numero totale dei cani della squadra a nove.
Isso elevou o número total de cães na equipe para nove.
Nel giro di quindici minuti tutti i cani erano imbracati.
Em quinze minutos todos os cães estavam com seus arreios.
La squadra di slitte stava risalendo il sentiero verso Dyea Cañon.
A equipe de trenó subia a trilha em direção ao Cañon Dyea.
Buck era contento di andarsene, anche se il lavoro che lo attendeva era duro.
Buck estava feliz por partir, mesmo que o trabalho pela frente fosse difícil.
Scoprì di non disprezzare particolarmente né il lavoro né il freddo.
Ele descobriu que não desprezava particularmente o trabalho ou o frio.
Fu sorpreso dall'entusiasmo che pervadeva tutta la squadra.
Ele ficou surpreso com a empolgação que tomou conta de toda a equipe.
Ancora più sorprendente fu il cambiamento avvenuto in Dave e Solleks.
Ainda mais surpreendente foi a mudança que ocorreu em Dave e Solleks.
Questi due cani erano completamente diversi quando venivano imbrigliati.
Esses dois cães eram completamente diferentes quando estavam atrelados.
La loro passività e la loro disattenzione erano completamente scomparse.
Sua passividade e falta de preocupação haviam desaparecido completamente.

Erano attenti e attivi, desiderosi di svolgere bene il loro lavoro.
Eles estavam alertas e ativos, e ansiosos para fazer bem o seu trabalho.
Si irritavano ferocemente per qualsiasi cosa provocasse ritardi o confusione.
Eles ficavam extremamente irritados com qualquer coisa que causasse atraso ou confusão.
Il duro lavoro sulle redini era il centro del loro intero essere.
O trabalho duro nas rédeas era o centro de todo o seu ser.
Sembrava che l'unica cosa che gli piacesse davvero fosse tirare la slitta.
Puxar trenós parecia ser a única coisa que eles realmente gostavam.
Dave era in fondo al gruppo, il più vicino alla slitta.
Dave estava no fundo do grupo, mais próximo do trenó.
Buck fu messo davanti a Dave e Solleks superò Buck.
Buck foi colocado na frente de Dave, e Solleks saiu na frente de Buck.
Il resto dei cani era disposto in fila indiana davanti a loro.
O resto dos cães estava disposto à frente em uma única fila.
La posizione di testa in prima linea era occupata da Spitz.
A posição de liderança na frente foi ocupada por Spitz.
Buck era stato messo tra Dave e Solleks per essere istruito.
Buck foi colocado entre Dave e Solleks para receber instruções.
Lui imparava in fretta e gli insegnanti erano risoluti e capaci.
Ele aprendia rápido, e eles eram professores firmes e capazes.
Non permisero mai a Buck di restare a lungo nell'errore.
Eles nunca permitiram que Buck permanecesse no erro por muito tempo.
Quando necessario, impartivano le lezioni con denti affilati.
Eles ensinavam suas lições com dentes afiados quando necessário.
Dave era giusto e dimostrava una saggezza pacata e seria.
Dave era justo e demonstrava um tipo de sabedoria séria e tranquila.
Non mordeva mai Buck senza una buona ragione.

Ele nunca mordeu Buck sem um bom motivo para isso.

Ma non mancava mai di mordere quando Buck aveva bisogno di essere corretto.

Mas ele nunca deixou de morder quando Buck precisava de correção.

La frusta di François era sempre pronta e sosteneva la loro autorità.

O chicote de François estava sempre pronto e reforçava sua autoridade.

Buck scoprì presto che era meglio obbedire che reagire.

Buck logo descobriu que era melhor obedecer do que revidar.

Una volta, durante un breve riposo, Buck rimase impigliato nelle redini.

Certa vez, durante um breve descanso, Buck se enroscou nas rédeas.

Ritardò la partenza e confuse i movimenti della squadra.

Ele atrasou a largada e atrapalhou o movimento do time.

Dave e Solleks si avventarono su di lui e lo picchiarono duramente.

Dave e Solleks voaram em sua direção e lhe deram uma surra violenta.

La situazione peggiorò ulteriormente, ma Buck imparò bene la lezione.

A confusão só piorou, mas Buck aprendeu bem a lição.

Da quel momento in poi tenne le redini tese e lavorò con attenzione.

A partir daí, ele manteve as rédeas esticadas e trabalhou com cuidado.

Prima che la giornata finisse, Buck aveva portato a termine gran parte del suo compito.

Antes do dia terminar, Buck já havia dominado grande parte de sua tarefa.

I suoi compagni di squadra quasi smisero di correggerlo o di morderlo.

Seus companheiros de equipe quase pararam de corrigi-lo ou mordê-lo.

La frusta di François schioccava nell'aria sempre meno spesso.
O chicote de François estalava no ar cada vez menos.
Perrault sollevò addirittura i piedi di Buck ed esaminò attentamente ogni zampa.
Perrault até levantou os pés de Buck e examinou cuidadosamente cada pata.
Era stata una giornata di corsa dura, lunga ed estenuante per tutti loro.
Foi um dia de corrida difícil, longo e exaustivo para todos eles.
Risalirono il Cañon, attraversarono Sheep Camp e superarono le Scales.
Eles viajaram pelo Cañon, passaram pelo Sheep Camp e passaram pelas Scales.
Superarono il limite della vegetazione arborea, poi ghiacciai e cumuli di neve alti diversi metri.
Eles cruzaram a linha de madeira, depois geleiras e montes de neve com muitos metros de profundidade.
Scalarono il grande e freddo Chilkoot Divide.
Eles escalaram a grande e fria Chilkoot Divide.
Quella cresta elevata si ergeva tra l'acqua salata e l'interno ghiacciato.
Aquela alta crista ficava entre a água salgada e o interior congelado.
Le montagne custodivano il triste e solitario Nord con ghiaccio e ripide salite.
As montanhas guardavam o triste e solitário Norte com gelo e subidas íngremes.
Scesero rapidamente lungo una lunga catena di laghi sotto la dorsale.
Eles percorreram em bom tempo uma longa cadeia de lagos abaixo da divisão.
Questi laghi riempivano gli antichi crateri di vulcani spenti.
Esses lagos preenchiam as antigas crateras de vulcões extintos.
Quella notte tardi raggiunsero un grande accampamento presso il lago Bennett.

Mais tarde naquela noite, eles chegaram a um grande acampamento no Lago Bennett.
Migliaia di cercatori d'oro erano lì, intenti a costruire barche per la primavera.
Milhares de garimpeiros estavam lá, construindo barcos para a primavera.
Il ghiaccio si sarebbe presto rotto e dovevano essere pronti.
O gelo iria quebrar em breve e eles tinham que estar preparados.
Buck scavò la sua buca nella neve e cadde in un sonno profondo.
Buck cavou seu buraco na neve e caiu em um sono profundo.
Dormiva come un lavoratore, esausto dopo una dura giornata di lavoro.
Ele dormia como um trabalhador, exausto do duro dia de trabalho.
Ma venne strappato al sonno troppo presto, nell'oscurità.
Mas muito cedo na escuridão, ele foi arrancado do sono.
Fu nuovamente imbrigliato insieme ai suoi compagni e attaccato alla slitta.
Ele foi atrelado novamente aos seus companheiros e preso ao trenó.
Quel giorno percorsero quaranta miglia, perché la neve era ben calpestata.
Naquele dia eles percorreram sessenta quilômetros, pois a neve estava bem batida.
Il giorno dopo, e per molti giorni a seguire, la neve era soffice.
No dia seguinte, e por muitos dias depois, a neve estava macia.
Dovettero farsi strada da soli, lavorando di più e muovendosi più lentamente.
Eles tiveram que abrir o caminho sozinhos, trabalhando mais e indo mais devagar.
Di solito, Perrault camminava davanti alla squadra con le ciaspole palmate.

Normalmente, Perrault caminhava à frente da equipe com raquetes de neve com membranas.
I suoi passi compattavano la neve, facilitando lo spostamento della slitta.
Seus passos compactavam a neve, facilitando a movimentação do trenó.
François, che era al timone della barca a vela, a volte prendeva il comando.
François, que comandava do outro lado do campo, às vezes assumia o comando.
Ma era raro che François prendesse l'iniziativa
Mas era raro que François assumisse a liderança
perché Perrault aveva fretta di consegnare le lettere e i pacchi.
porque Perrault estava com pressa para entregar as cartas e encomendas.
Perrault era orgoglioso della sua conoscenza della neve, e in particolare del ghiaccio.
Perrault tinha orgulho de seu conhecimento sobre neve, especialmente gelo.
Questa conoscenza era essenziale perché il ghiaccio autunnale era pericolosamente sottile.
Esse conhecimento era essencial, porque o gelo do outono era perigosamente fino.
Dove l'acqua scorreva rapidamente sotto la superficie non c'era affatto ghiaccio.
Onde a água fluía rapidamente abaixo da superfície, não havia gelo algum.

Giorno dopo giorno, la stessa routine si ripeteva senza fine.
Dia após dia, a mesma rotina se repetia sem fim.
Buck lavorava senza sosta con le redini, dall'alba alla sera.
Buck trabalhou incansavelmente nas rédeas, do amanhecer até a noite.
Lasciarono l'accampamento al buio, molto prima che sorgesse il sole.

Eles deixaram o acampamento no escuro, muito antes do sol nascer.
Quando spuntò l'alba, avevano già percorso molti chilometri.
Quando o dia amanheceu, muitos quilômetros já haviam sido percorridos.
Si accamparono dopo il tramonto, mangiando pesce e scavando buche nella neve.
Eles montaram acampamento depois de escurecer, comendo peixe e cavando na neve.
Buck era sempre affamato e non era mai veramente soddisfatto della sua razione.
Buck estava sempre com fome e nunca ficava realmente satisfeito com sua ração.
Riceveva ogni giorno mezzo chilo di salmone essiccato.
Ele recebia meio quilo de salmão seco por dia.
Ma il cibo sembrò svanire dentro di lui, lasciandogli solo la fame.
Mas a comida parecia desaparecer dentro dele, deixando a fome para trás.
Soffriva di continui morsi della fame e sognava di avere più cibo.
Ele sofria constantes pontadas de fome e sonhava com mais comida.
Gli altri cani hanno ricevuto solo mezzo chilo di cibo, ma sono rimasti forti.
Os outros cães ganharam apenas meio quilo, mas permaneceram fortes.
Erano più piccoli ed erano nati in una società nordica.
Eles eram menores e tinham nascido na vida do norte.
Perse rapidamente la pignoleria che aveva caratterizzato la sua vecchia vita.
Ele rapidamente perdeu a meticulosidade que marcava sua antiga vida.
Fino a quel momento era stato un mangiatore prelibato, ma ora non gli era più possibile.

Ele era um comilão delicado, mas agora isso não era mais possível.

I suoi compagni arrivarono primi e gli rubarono la razione rimasta.

Seus companheiros terminaram primeiro e roubaram sua ração inacabada.

Una volta cominciati, non c'era più modo di difendere il cibo da loro.

Depois que eles começaram, não havia mais como defender sua comida deles.

Mentre lui lottava contro due o tre cani, gli altri rubarono il resto.

Enquanto ele lutava contra dois ou três cães, os outros roubaram o resto.

Per risolvere il problema, cominciò a mangiare velocemente come mangiavano gli altri.

Para consertar isso, ele começou a comer tão rápido quanto os outros comiam.

La fame lo spingeva così forte che arrivò persino a prendere del cibo non suo.

A fome o pressionava tanto que ele chegou a aceitar comida que não era sua.

Osservò gli altri e imparò rapidamente dalle loro azioni.

Ele observou os outros e aprendeu rapidamente com suas ações.

Vide Pike, un nuovo cane, rubare una fetta di pancetta a Perrault.

Ele viu Pike, um cachorro novo, roubar uma fatia de bacon de Perrault.

Pike aveva aspettato che Perrault gli voltasse le spalle per rubare la pagnotta.

Pike esperou até que Perrault virasse as costas para roubar o bacon.

Il giorno dopo, Buck copiò Pike e rubò l'intero pezzo.

No dia seguinte, Buck copiou Pike e roubou o pedaço inteiro.

Seguì un gran tumulto, ma Buck non fu sospettato.

Seguiu-se um grande alvoroço, mas Buck não foi suspeito.

Al suo posto venne punito Dub, un cane goffo che veniva sempre beccato.
Dub, um cão desajeitado que sempre era pego, foi punido.
Quel primo furto fece di Buck un cane adatto a sopravvivere al Nord.
Aquele primeiro roubo marcou Buck como um cão apto a sobreviver no Norte.
Ha dimostrato di sapersi adattare alle nuove condizioni e di saper imparare rapidamente.
Ele mostrou que conseguia se adaptar a novas condições e aprender rapidamente.
Senza tale adattabilità, sarebbe morto rapidamente e gravemente.
Sem essa adaptabilidade, ele teria morrido rápida e gravemente.
Segnò anche il crollo della sua natura morale e dei suoi valori passati.
Também marcou o colapso de sua natureza moral e valores passados.
Nel Southland aveva vissuto secondo la legge dell'amore e della gentilezza.
Em Southland, ele viveu sob a lei do amor e da bondade.
Lì aveva senso rispettare la proprietà e i sentimenti degli altri cani.
Ali fazia sentido respeitar a propriedade e os sentimentos dos outros cães.
Ma i Northland seguivano la legge del bastone e la legge della zanna.
Mas a Terra do Norte seguiu a lei do porrete e a lei das presas.
Chiunque rispettasse i vecchi valori era uno sciocco e avrebbe fallito.
Quem respeitasse os valores antigos aqui seria tolo e fracassaria.
Buck non rifletté su tutto questo nella sua mente.
Buck não pensou em tudo isso.
Era in forma e quindi si adattò senza pensarci due volte.

Ele estava em forma e, por isso, se adaptou sem precisar pensar.

In tutta la sua vita non era mai fuggito da una rissa.

Durante toda a sua vida, ele nunca fugiu de uma briga.

Ma la mazza di legno dell'uomo con il maglione rosso cambiò la regola.

Mas o porrete de madeira do homem do suéter vermelho mudou essa regra.

Ora seguiva un codice più profondo e antico, inscritto nel suo essere.

Agora ele seguia um código mais antigo e profundo escrito em seu ser.

Non rubava per piacere, ma per il dolore della fame.

Ele não roubava por prazer, mas pela dor da fome.

Non rubava mai apertamente, ma rubava con astuzia e attenzione.

Ele nunca roubou abertamente, mas roubou com astúcia e cuidado.

Agì per rispetto verso la clava di legno e per paura delle zanne.

Ele agiu por respeito ao porrete de madeira e medo da presa.

In breve, ha fatto ciò che era più facile e sicuro che non farlo.

Resumindo, ele fez o que era mais fácil e seguro do que não fazer.

Il suo sviluppo, o forse il suo ritorno ai vecchi istinti, fu rapido.

Seu desenvolvimento — ou talvez seu retorno aos velhos instintos — foi rápido.

I suoi muscoli si indurirono fino a diventare forti come il ferro.

Seus músculos endureceram até parecerem fortes como ferro.

Non gli importava più del dolore, a meno che non fosse grave.

Ele não se importava mais com a dor, a menos que fosse séria.

Divenne efficiente dentro e fuori, senza sprecare nulla.

Ele se tornou eficiente por dentro e por fora, sem desperdiçar nada.

Poteva mangiare cose disgustose, marce o difficili da digerire.
Ele podia comer coisas horríveis, podres ou difíceis de digerir.
Qualunque cosa mangiasse, il suo stomaco ne sfruttava ogni singolo pezzetto di valore.
Não importa o que ele comesse, seu estômago usava até a última gota de valor.
Il suo sangue trasportava i nutrienti in tutto il suo potente corpo.
Seu sangue transportava os nutrientes por todo seu corpo poderoso.
Ciò gli ha permesso di sviluppare tessuti forti che gli hanno conferito un'incredibile resistenza.
Isso construiu tecidos fortes que lhe deram uma resistência incrível.
La sua vista e il suo olfatto diventarono molto più sensibili di prima.
Sua visão e olfato ficaram muito mais sensíveis do que antes.
Il suo udito diventò così acuto che riusciva a percepire anche i suoni più deboli durante il sonno.
Sua audição ficou tão aguçada que ele conseguia detectar sons fracos durante o sono.
Nei sogni sapeva se quei suoni significavano sicurezza o pericolo.
Ele sabia em seus sonhos se os sons significavam segurança ou perigo.
Imparò a mordere con i denti il ghiaccio tra le dita dei piedi.
Ele aprendeu a morder o gelo entre os dedos dos pés com os dentes.
Se una pozza d'acqua si ghiacciava, lui rompeva il ghiaccio con le gambe.
Se um poço de água congelasse, ele quebrava o gelo com as pernas.
Si impennò e colpì duramente il ghiaccio con gli arti anteriori rigidi.
Ele se levantou e bateu com força no gelo com as patas dianteiras rígidas.

La sua abilità più sorprendente era quella di prevedere i cambiamenti del vento durante la notte.
Sua habilidade mais impressionante era prever mudanças de vento durante a noite.
Anche quando l'aria era immobile, sceglieva luoghi riparati dal vento.
Mesmo quando o ar estava parado, ele escolhia lugares protegidos do vento.
Ovunque scavasse il nido, il vento del giorno dopo lo superava.
Onde quer que ele cavasse seu ninho, o vento do dia seguinte o ultrapassava.
Alla fine si ritrovava sempre al sicuro e protetto, al riparo dal vento.
Ele sempre acabava aconchegado e protegido, a sotavento da brisa.
Buck non solo imparò dall'esperienza: anche il suo istinto tornò.
Buck não só aprendeu com a experiência — seus instintos também retornaram.
Le abitudini delle generazioni addomesticate cominciarono a scomparire.
Os hábitos das gerações domesticadas começaram a desaparecer.
Ricordava vagamente i tempi antichi della sua razza.
De forma vaga, ele se lembrava dos tempos antigos de sua raça.
Ripensò a quando i cani selvatici correvano in branco nelle foreste.
Ele se lembrou de quando os cães selvagens corriam em matilhas pelas florestas.
Avevano inseguito e ucciso la loro preda mentre la inseguivano.
Eles perseguiram e mataram suas presas enquanto as perseguiam.
Per Buck fu facile imparare a combattere con forza e velocità.
Foi fácil para Buck aprender a lutar com força e velocidade.

Come i suoi antenati, usava tagli, squarci e schiocchi rapidi.
Ele usava cortes, golpes e estalos rápidos, assim como seus ancestrais.
Quegli antenati si risvegliarono in lui e risvegliarono la sua natura selvaggia.
Esses ancestrais se agitaram dentro dele e despertaram sua natureza selvagem.
Le loro vecchie abilità gli erano state trasmesse attraverso la linea di sangue.
Suas antigas habilidades foram passadas para ele através da linhagem.
Ora i loro trucchi erano suoi, senza bisogno di pratica o sforzo.
Os truques agora eram dele, sem necessidade de prática ou esforço.

Nelle notti fredde e tranquille, Buck sollevava il naso e ululò.
Nas noites calmas e frias, Buck levantava o nariz e uivava.
Ululò a lungo e profondamente, come facevano i lupi tanto tempo fa.
Ele uivou longa e profundamente, como os lobos faziam há muito tempo.
Attraverso di lui, i suoi antenati defunti puntarono il naso e ulularono.
Através dele, seus ancestrais mortos apontavam seus narizes e uivavam.
Hanno ululato attraverso i secoli con la sua voce e la sua forma.
Eles uivaram através dos séculos em sua voz e forma.
Le sue cadenze erano le loro, vecchi gridi che parlavano di dolore e di freddo.
Suas cadências eram as deles, velhos gritos que falavam de tristeza e frio.
Cantavano dell'oscurità, della fame e del significato dell'inverno.

Eles cantavam sobre escuridão, fome e o significado do inverno.
Buck ha dimostrato come la vita sia plasmata da forze che vanno oltre noi stessi,
Buck provou como a vida é moldada por forças além de si mesmo,
l'antico canto risuonò nelle vene di Buck e si impadronì della sua anima.
a antiga canção surgiu através de Buck e tomou conta de sua alma.
Ritrovò se stesso perché gli uomini avevano trovato l'oro nel Nord.
Ele se encontrou porque os homens encontraram ouro no Norte.
E lo trovò perché Manuel, l'aiutante giardiniere, aveva bisogno di soldi.
E ele se viu porque Manuel, o ajudante do jardineiro, precisava de dinheiro.

La Bestia Primordiale Dominante
A Besta Primordial Dominante

La bestia primordiale dominante era più forte che mai in Buck.
A besta primordial dominante estava tão forte quanto sempre em Buck.
Ma la bestia primordiale dominante era rimasta dormiente in lui.
Mas a besta primordial dominante estava adormecida dentro dele.
La vita sui sentieri era dura, ma rafforzava la bestia che era in Buck.
A vida na trilha foi dura, mas fortaleceu o animal dentro de Buck.
Segretamente la bestia diventava sempre più forte ogni giorno.
Secretamente, a fera ficava mais forte a cada dia.
Ma quella crescita interiore è rimasta nascosta al mondo esterno.
Mas esse crescimento interior permaneceu oculto para o mundo exterior.
Una forza primordiale calma e silenziosa si stava formando dentro Buck.
Uma força primordial silenciosa e calma estava se formando dentro de Buck.
Una nuova astuzia diede a Buck equilibrio, calma e compostezza.
Uma nova astúcia deu a Buck equilíbrio, calma, controle e postura.
Buck si concentrò molto sull'adattamento, senza mai sentirsi completamente rilassato.
Buck se concentrou muito em se adaptar, sem nunca se sentir totalmente relaxado.
Evitava i conflitti, non iniziava mai litigi e non cercava mai guai.

Ele evitava conflitos, nunca iniciava brigas nem procurava problemas.
Ogni mossa di Buck era scandita da una riflessione lenta e costante.
Uma reflexão lenta e constante moldava cada movimento de Buck.
Evitava scelte avventate e decisioni improvvise e sconsiderate.
Ele evitou escolhas precipitadas e decisões repentinas e imprudentes.
Sebbene Buck odiasse profondamente Spitz, non gli mostrò alcuna aggressività.
Embora Buck odiasse Spitz profundamente, ele não demonstrou nenhuma agressividade.
Buck non provocò mai Spitz e mantenne le sue azioni moderate.
Buck nunca provocou Spitz e manteve suas ações contidas.
Spitz, d'altro canto, percepì il pericolo crescente in Buck.
Spitz, por outro lado, percebeu o perigo crescente em Buck.
Vedeva Buck come una minaccia e una seria sfida al suo potere.
Ele via Buck como uma ameaça e um sério desafio ao seu poder.
Coglieva ogni occasione per ringhiare e mostrare i suoi denti aguzzi.
Ele aproveitou todas as oportunidades para rosnar e mostrar seus dentes afiados.
Stava cercando di dare inizio allo scontro mortale che sarebbe dovuto avvenire.
Ele estava tentando começar a luta mortal que estava por vir.
All'inizio del viaggio, tra loro scoppiò quasi una lite.
No início da viagem, quase houve uma briga entre eles.
Ma un incidente inaspettato impedì che il combattimento avesse luogo.
Mas um acidente inesperado impediu que a luta acontecesse.
Quella sera si accamparono sul gelido lago Le Barge.

Naquela noite, eles montaram acampamento no frio congelante Lago Le Barge.

La neve cadeva fitta e il vento era tagliente come una lama.
A neve caía forte e o vento cortava como uma faca.

La notte era scesa troppo in fretta e l'oscurità li aveva avvolti.
A noite chegou rápido demais e a escuridão os cercava.

Difficilmente avrebbero potuto scegliere un posto peggiore per riposare.
Eles dificilmente poderiam ter escolhido um lugar pior para descansar.

I cani cercavano disperatamente un posto dove sdraiarsi.
Os cães procuravam desesperadamente um lugar para se deitar.

Dietro il piccolo gruppo si ergeva un'alta parete rocciosa.
Uma alta parede de pedra erguia-se abruptamente atrás do pequeno grupo.

Per alleggerire il carico, la tenda era stata lasciata a Dyea.
A tenda foi deixada em Dyea para aliviar a carga.

Non avevano altra scelta che accendere il fuoco direttamente sul ghiaccio.
Eles não tiveram escolha a não ser fazer o fogo no próprio gelo.

Stendevano i loro accappatoi direttamente sul lago ghiacciato.
Eles estenderam seus robes de dormir diretamente sobre o lago congelado.

Qualche pezzo di legno galleggiante dava loro un po' di fuoco.
Alguns pedaços de madeira flutuante lhes deram um pouco de fogo.

Ma il fuoco è stato acceso sul ghiaccio e attraverso di esso si è scongelato.
Mas o fogo foi construído no gelo e descongelado através dele.

Alla fine cenarono al buio.
Por fim, eles estavam comendo o jantar no escuro.

Buck si rannicchiò accanto alla roccia, al riparo dal vento freddo.

Buck se aninhou ao lado da rocha, protegido do vento frio.
Il posto era così caldo e sicuro che Buck non voleva andarsene.
O lugar era tão quente e seguro que Buck odiava ter que se mudar.
Ma François aveva scaldato il pesce e stava distribuendo le razioni.
Mas François havia aquecido o peixe e estava distribuindo rações.
Buck finì di mangiare in fretta e tornò a letto.
Buck terminou de comer rapidamente e voltou para sua cama.
Ma Spitz ora giaceva dove Buck aveva preparato il suo letto.
Mas Spitz agora estava deitado onde Buck havia feito sua cama.
Un ringhio basso avvertì Buck che Spitz si rifiutava di muoversi.
Um rosnado baixo avisou Buck que Spitz se recusava a se mover.
Finora Buck aveva evitato lo scontro con Spitz.
Até agora, Buck havia evitado essa luta com Spitz.
Ma nel profondo di Buck la bestia alla fine si liberò.
Mas bem no fundo, Buck, a fera finalmente se libertou.
Il furto del suo posto letto era troppo da tollerare.
O roubo do seu lugar de dormir era demais para tolerar.
Buck si lanciò contro Spitz, pieno di rabbia e furore.
Buck se lançou contra Spitz, cheio de raiva e fúria.
Fino a quel momento Spitz aveva pensato che Buck fosse solo un grosso cane.
Até então Spitz pensava que Buck era apenas um cachorro grande.
Non pensava che Buck fosse sopravvissuto grazie al suo spirito.
Ele não achava que Buck tivesse sobrevivido por meio de seu espírito.
Si aspettava paura e codardia, non furia e vendetta.
Ele esperava medo e covardia, não fúria e vingança.

François rimase a guardare mentre entrambi i cani schizzavano fuori dal nido in rovina.
François ficou olhando enquanto os dois cães saíam do ninho destruído.
Capì subito cosa aveva scatenato quella violenta lotta.
Ele entendeu imediatamente o que havia iniciado aquela luta selvagem.
"Aa-ah!" gridò François in sostegno del cane marrone.
"Aa-ah!" François gritou em apoio ao cão marrom.
"Dategli una bella lezione! Per Dio, punite quel ladro furbo!"
"Dê uma surra nele! Por Deus, castigue esse ladrãozinho!"
Spitz dimostrò altrettanta prontezza e fervore nel combattere.
Spitz demonstrou igual prontidão e grande entusiasmo para lutar.
Gridò di rabbia mentre girava velocemente in tondo, cercando un varco.
Ele gritou de raiva enquanto circulava rapidamente, procurando uma abertura.
Buck mostrò la stessa fame di combattere e la stessa cautela.
Buck demonstrou a mesma fome de luta e a mesma cautela.
Anche lui girò intorno al suo avversario, cercando di avere la meglio nella battaglia.
Ele também circulou seu oponente, tentando ganhar vantagem na batalha.
Poi accadde qualcosa di inaspettato e cambiò tutto.
Então algo inesperado aconteceu e mudou tudo.
Quel momento ritardò l'eventuale lotta per la leadership.
Aquele momento atrasou a eventual luta pela liderança.
Ci sarebbero ancora molti chilometri di sentiero e di lotta da percorrere prima della fine.
Ainda havia muitos quilômetros de trilha e luta pela frente antes do fim.
Perrault urlò un'imprecazione mentre una mazza colpiva l'osso.
Perrault gritou um palavrão quando um porrete bateu contra o osso.

Seguì un acuto grido di dolore, poi il caos esplose tutt'intorno.
Seguiu-se um grito agudo de dor, e então o caos explodiu por todo lado.

Forme scure si muovevano nell'accampamento: husky selvatici, affamati e feroci.
Formas escuras se moviam no acampamento; huskies selvagens, famintos e ferozes.

Quattro o cinque dozzine di husky avevano fiutato l'accampamento da molto lontano.
Quatro ou cinco dúzias de huskies farejaram o acampamento de longe.

Si erano introdotti furtivamente mentre i due cani litigavano lì vicino.
Eles entraram silenciosamente enquanto os dois cães brigavam nas proximidades.

François e Perrault si lanciarono all'attacco, colpendo con i manganelli gli invasori.
François e Perrault atacaram, brandindo cassetetes contra os invasores.

Gli husky affamati mostrarono i denti e si dibatterono freneticamente.
Os huskies famintos mostraram os dentes e lutaram freneticamente.

L'odore della carne e del pane li aveva fatti superare ogni paura.
O cheiro de carne e pão os fez superar todo o medo.

Perrault picchiò un cane che aveva nascosto la testa nella buca delle vivande.
Perrault espancou um cachorro que havia enterrado a cabeça na caixa de larvas.

Il colpo fu violento e la scatola si ribaltò, facendo fuoriuscire il cibo.
O golpe foi forte, e a caixa virou, espalhando comida para fora.

Nel giro di pochi secondi, una ventina di bestie feroci si avventarono sul pane e sulla carne.

Em segundos, vinte animais selvagens devoraram o pão e a carne.

I bastoni degli uomini sferrarono un colpo dopo l'altro, ma nessun cane si allontanò.

Os porretes dos homens desferiram golpe após golpe, mas nenhum cão se esquivou.

Urlavano di dolore, ma continuarono a lottare finché non rimase più cibo.

Eles uivaram de dor, mas lutaram até não restar mais comida.

Nel frattempo i cani da slitta erano saltati giù dalle loro culle innevate.

Enquanto isso, os cães de trenó saltaram de suas camas cobertas de neve.

Furono immediatamente attaccati dai feroci e affamati husky.

Eles foram imediatamente atacados pelos ferozes huskies famintos.

Buck non aveva mai visto prima creature così selvagge e affamate.

Buck nunca tinha visto criaturas tão selvagens e famintas antes.

La loro pelle pendeva flaccida, nascondendo a malapena lo scheletro.

A pele deles estava solta, mal escondendo seus esqueletos.

C'era un fuoco nei loro occhi, per fame e follia

Havia um fogo em seus olhos, de fome e loucura

Non c'era modo di fermarli, di resistere al loro assalto selvaggio.

Não havia como detê-los; não havia como resistir ao seu avanço selvagem.

I cani da slitta vennero spinti indietro e premuti contro la parete della scogliera.

Os cães de trenó foram empurrados para trás, pressionados contra a parede do penhasco.

Tre husky attaccarono Buck contemporaneamente, lacerandogli la carne.

Três huskies atacaram Buck ao mesmo tempo, rasgando sua carne.

Il sangue gli colava dalla testa e dalle spalle, dove era stato tagliato.

Sangue escorria de sua cabeça e ombros, onde ele havia sido cortado.

Il rumore riempì l'accampamento: ringhi, guaiti e grida di dolore.

O barulho encheu o acampamento; rosnados, gritos e berros de dor.

Billee pianse forte, come al solito, presa dal panico e dalla mischia.

Billee chorou alto, como sempre, presa na confusão e no pânico.

Dave e Solleks rimasero fianco a fianco, sanguinanti ma con aria di sfida.

Dave e Solleks ficaram lado a lado, sangrando, mas desafiadores.

Joe lottava come un demonio, mordendo tutto ciò che gli si avvicinava.

Joe lutava como um demônio, mordendo tudo que chegava perto.

Con un violento schiocco di mascelle schiacciò la zampa di un husky.

Ele esmagou a perna de um husky com um estalo brutal de suas mandíbulas.

Pike saltò sull'husky ferito e gli ruppe il collo all'istante.

Pike pulou no husky ferido e quebrou seu pescoço instantaneamente.

Buck afferrò un husky per la gola e gli strappò la vena.

Buck agarrou um husky pelo pescoço e rasgou a veia.

Il sangue schizzò e il sapore caldo mandò Buck in delirio.

O sangue jorrou, e o gosto quente deixou Buck frenético.

Si lanciò contro un altro aggressore senza esitazione.

Ele se lançou contra outro agressor sem hesitar.

Nello stesso momento, denti aguzzi si conficcarono nella gola di Buck.

No mesmo momento, dentes afiados cravaram-se na garganta de Buck.
Spitz aveva colpito di lato, attaccando senza preavviso.
Spitz atacou de lado, sem aviso.
Perrault e François avevano sconfitto i cani rubando il cibo.
Perrault e François derrotaram os cães que roubavam a comida.
Ora si precipitarono ad aiutare i loro cani a respingere gli aggressori.
Agora eles correram para ajudar seus cães a lutar contra os agressores.
I cani affamati si ritirarono mentre gli uomini roteavano i loro manganelli.
Os cães famintos recuaram enquanto os homens brandiam seus porretes.
Buck riuscì a liberarsi dall'attacco, ma la fuga fu breve.
Buck se libertou do ataque, mas a fuga foi breve.
Gli uomini corsero a salvare i loro cani e gli husky tornarono ad attaccarli.
Os homens correram para salvar seus cães, e os huskies atacaram novamente.
Billee, spaventato e coraggioso, si lanciò nel branco di cani.
Billee, assustado e corajoso, saltou para dentro da matilha de cães.
Ma poi fuggì attraverso il ghiaccio, in preda al terrore e al panico.
Mas então ele fugiu pelo gelo, tomado pelo terror e pelo pânico.
Pike e Dub li seguirono da vicino, correndo per salvarsi la vita.
Pike e Dub seguiram logo atrás, correndo para salvar suas vidas.
Il resto della squadra si disperse e li inseguì.
O resto da equipe se dispersou e seguiu atrás deles.
Buck raccolse le forze per correre, ma poi vide un lampo.
Buck reuniu forças para correr, mas então viu um clarão.
Spitz si lanciò verso Buck, cercando di buttarlo a terra.

Spitz investiu contra Buck, tentando derrubá-lo no chão.
Sotto quella banda di husky, Buck non avrebbe avuto scampo.
Sob aquela multidão de huskies, Buck não teria escapatória.
Ma Buck rimase fermo e si preparò al colpo di Spitz.
Mas Buck permaneceu firme e se preparou para o golpe de Spitz.
Poi si voltò e corse sul ghiaccio con la squadra in fuga.
Então ele se virou e correu para o gelo com o time em fuga.

Più tardi i nove cani da slitta si radunarono al riparo del bosco.
Mais tarde, os nove cães de trenó se reuniram no abrigo da floresta.
Nessuno li inseguiva più, ma erano malconci e feriti.
Ninguém mais os perseguia, mas eles estavam machucados e feridos.
Ogni cane presentava delle ferite: quattro o cinque tagli profondi su ogni corpo.
Cada cão tinha feridas; quatro ou cinco cortes profundos em cada corpo.
Dub aveva una zampa posteriore ferita e ora faceva fatica a camminare.
Dub machucou uma pata traseira e agora tem dificuldade para andar.
Dolly, l'ultimo cane arrivato da Dyea, aveva la gola tagliata.
Dolly, a cadela mais nova de Dyea, tinha a garganta cortada.
Joe aveva perso un occhio e l'orecchio di Billee era stato tagliato a pezzi
Joe perdeu um olho e a orelha de Billee foi cortada em pedaços
Tutti i cani piansero per il dolore e la sconfitta durante la notte.
Todos os cães choraram de dor e derrota durante a noite.
All'alba tornarono lentamente all'accampamento, doloranti e distrutti.
Ao amanhecer, eles retornaram ao acampamento, doloridos e machucados.

Gli husky erano scomparsi, ma il danno era fatto.
Os huskies tinham desaparecido, mas o estrago já estava feito.
Perrault e François erano di pessimo umore e osservavano le rovine.
Perrault e François ficaram de mau humor diante das ruínas.
Metà del cibo era sparito, rubato dai ladri affamati.
Metade da comida havia sumido, roubada pelos ladrões famintos.
Gli husky avevano strappato le corde e la tela della slitta.
Os huskies rasgaram as amarrações do trenó e a lona.
Tutto ciò che aveva odore di cibo era stato divorato completamente.
Qualquer coisa com cheiro de comida foi devorada completamente.
Mangiarono un paio di stivali da viaggio in pelle di alce di Perrault.
Eles comeram um par de botas de viagem de couro de alce de Perrault.
Hanno masticato le pelli e rovinato i cinturini rendendoli inutilizzabili.
Eles mastigavam correias de couro e estragavam tiras, deixando-as inutilizáveis.
François smise di fissare la frusta strappata per controllare i cani.
François parou de olhar para o chicote rasgado para verificar os cães.
«Ah, amici miei», disse con voce bassa e preoccupata.
"Ah, meus amigos", disse ele, com a voz baixa e cheia de preocupação.
"Forse tutti questi morsi vi trasformeranno in bestie pazze."
"Talvez todas essas mordidas transformem vocês em feras furiosas."
"Forse tutti cani rabbiosi, sacredam! Che ne pensi, Perrault?"
"Talvez todos os cães loucos, sacana! O que você acha, Perrault?"
Perrault scosse la testa, con gli occhi scuri per la preoccupazione e la paura.

Perrault balançou a cabeça, com os olhos escuros de preocupação e medo.

C'erano ancora quattrocento miglia tra loro e Dawson.

Ainda havia seiscentos quilômetros entre eles e Dawson.

La follia dei cani potrebbe ormai distruggere ogni possibilità di sopravvivenza.

A loucura canina agora pode destruir qualquer chance de sobrevivência.

Hanno passato due ore a imprecare e a cercare di riparare l'attrezzatura.

Eles passaram duas horas xingando e tentando consertar o equipamento.

La squadra ferita alla fine lasciò l'accampamento, distrutta e sconfitta.

A equipe ferida finalmente deixou o acampamento, destruída e derrotada.

Questo è stato il sentiero più duro finora e ogni passo è stato doloroso.

Essa foi a trilha mais difícil até agora, e cada passo foi doloroso.

Il fiume Thirty Mile non era ghiacciato e scorreva impetuoso.

O Rio Thirty Mile não havia congelado e estava correndo descontroladamente.

Soltanto nei punti calmi e nei vortici il ghiaccio riusciva a resistere.

Somente em locais calmos e redemoinhos o gelo conseguiu se manter.

Trascorsero sei giorni di duro lavoro per percorrere le trenta miglia.

Seis dias de trabalho duro se passaram até que os 48 quilômetros fossem percorridos.

Ogni miglio del sentiero porta con sé pericoli e minacce di morte.

Cada quilômetro da trilha trazia perigo e ameaça de morte.

Uomini e cani rischiavano la vita a ogni passo doloroso.

Os homens e os cães arriscavam suas vidas a cada passo doloroso.
Perrault riuscì a superare i sottili ponti di ghiaccio una dozzina di volte.
Perrault rompeu finas pontes de gelo uma dúzia de vezes diferentes.
Prese un palo e lo lasciò cadere nel buco creato dal suo corpo.
Ele carregou uma vara e a deixou cair sobre o buraco que seu corpo fez.
Quel palo salvò Perrault più di una volta dall'annegamento.
Mais de uma vez aquele poste salvou Perrault de se afogar.
L'ondata di freddo persisteva, la temperatura era di cinquanta gradi sotto zero.
A onda de frio se manteve firme, o ar estava cinquenta graus abaixo de zero.
Ogni volta che cadeva, Perrault era costretto ad accendere un fuoco per sopravvivere.
Toda vez que caía, Perrault tinha que acender uma fogueira para sobreviver.
Gli abiti bagnati si congelavano rapidamente, perciò li faceva asciugare vicino al calore cocente.
Roupas molhadas congelavam rápido, então ele as secava perto do calor escaldante.
Perrault non provava mai paura, e questo faceva di lui un corriere.
Nenhum medo jamais tocou Perrault, e isso fez dele um mensageiro.
Fu scelto per affrontare il pericolo e lo affrontò con silenziosa determinazione.
Ele foi escolhido para o perigo e o enfrentou com uma resolução silenciosa.
Si spinse in avanti controvento, con il viso raggrinzito e congelato.
Ele seguiu em frente em direção ao vento, com o rosto enrugado e congelado.
Perrault li guidò in avanti dall'alba al tramonto.

Do amanhecer ao anoitecer, Perrault os guiou adiante.
Camminava sul ghiaccio sottile che scricchiolava a ogni passo.
Ele andou sobre uma estreita camada de gelo que rachava a cada passo.
Non osavano fermarsi: ogni pausa rischiava di provocare un crollo mortale.
Eles não ousaram parar — cada pausa representava o risco de um colapso mortal.
Una volta la slitta si ruppe, trascinando dentro Dave e Buck.
Uma vez o trenó atravessou, puxando Dave e Buck para dentro.
Quando furono liberati, entrambi erano quasi congelati.
Quando foram libertados, ambos estavam quase congelados.
Gli uomini accesero rapidamente un fuoco per salvare Buck e Dave.
Os homens fizeram uma fogueira rapidamente para manter Buck e Dave vivos.
I cani erano ricoperti di ghiaccio dal naso alla coda, rigidi come legno intagliato.
Os cães estavam cobertos de gelo do focinho ao rabo, rígidos como madeira entalhada.
Gli uomini li fecero correre in cerchio vicino al fuoco per scongelarne i corpi.
Os homens os faziam correr em círculos perto do fogo para descongelar seus corpos.
Si avvicinarono così tanto alle fiamme che la loro pelliccia rimase bruciacchiata.
Eles chegaram tão perto das chamas que seus pelos ficaram chamuscados.
Spitz ruppe poi il ghiaccio, trascinando dietro di sé la squadra.
Spitz foi o próximo a romper o gelo, arrastando a equipe atrás dele.
La frenata arrivava fino al punto in cui Buck stava tirando.
A ruptura chegou até onde Buck estava puxando.

Buck si appoggiò bruscamente allo schienale, con le zampe che scivolavano e tremavano sul bordo.
Buck se inclinou para trás com força, as patas escorregando e tremendo na borda.
Anche Dave si sforzò all'indietro, proprio dietro Buck sulla linea.
Dave também se esticou para trás, logo atrás de Buck na linha.
François tirava la slitta e i suoi muscoli scricchiolavano per lo sforzo.
François puxou o trenó, seus músculos estalando com o esforço.
Un'altra volta, il ghiaccio del bordo si è crepato davanti e dietro la slitta.
Em outra ocasião, o gelo da borda rachou antes e atrás do trenó.
Non avevano altra via d'uscita se non quella di arrampicarsi su una parete ghiacciata.
Eles não tinham outra saída a não ser escalar uma parede congelada do penhasco.
In qualche modo Perrault riuscì a scalare il muro: un miracolo lo tenne in vita.
De alguma forma, Perrault escalou o muro; um milagre o manteve vivo.
François rimase sottocoperta, pregando che gli capitasse la stessa fortuna.
François ficou lá embaixo, rezando pelo mesmo tipo de sorte.
Legarono ogni cinghia, legatura e tirante in un'unica lunga corda.
Eles amarraram cada tira, amarração e traço em uma corda longa.
Gli uomini trascinarono i cani uno alla volta fino in cima.
Os homens puxaram cada cachorro, um de cada vez, até o topo.
François salì per ultimo, dopo la slitta e tutto il carico.
François subiu por último, depois do trenó e de toda a carga.
Poi iniziò una lunga ricerca di un sentiero che scendesse dalle scogliere.

Então começou uma longa busca por um caminho descendo dos penhascos.
Alla fine scesero utilizzando la stessa corda che avevano costruito.
Eles finalmente desceram usando a mesma corda que tinham feito.
Scese la notte mentre tornavano al letto del fiume, esausti e doloranti.
A noite caiu quando eles retornaram ao leito do rio, exaustos e doloridos.
Avevano impiegato un giorno intero per percorrere solo un quarto di miglio.
O dia inteiro lhes rendeu apenas um quarto de milha de ganho.
Quando giunsero all'Hootalinqua, Buck era sfinito.
Quando chegaram ao Hootalinqua, Buck estava exausto.
Anche gli altri cani soffrivano le stesse condizioni del sentiero.
Os outros cães também sofreram muito com as condições da trilha.
Ma Perrault aveva bisogno di recuperare tempo e li spingeva avanti giorno dopo giorno.
Mas Perrault precisava recuperar tempo e os pressionava a cada dia.
Il primo giorno percorsero trenta miglia fino a Big Salmon.
No primeiro dia, eles viajaram 48 quilômetros até Big Salmon.
Il giorno dopo percorsero trentacinque miglia fino a Little Salmon.
No dia seguinte, eles viajaram 56 quilômetros até Little Salmon.
Il terzo giorno percorsero quaranta miglia ghiacciate.
No terceiro dia, eles avançaram por 64 quilômetros congelados.
A quel punto si stavano avvicinando all'insediamento di Five Fingers.
Naquela altura, eles estavam se aproximando do assentamento de Five Fingers.

I piedi di Buck erano più morbidi di quelli duri degli husky autoctoni.
Os pés de Buck eram mais macios que os pés duros dos huskies nativos.
Le sue zampe erano diventate tenere nel corso di molte generazioni civilizzate.
Suas patas ficaram macias ao longo de muitas gerações civilizadas.
Molto tempo fa, i suoi antenati erano stati addomesticati dagli uomini del fiume o dai cacciatori.
Há muito tempo, seus ancestrais foram domesticados por homens do rio ou caçadores.
Ogni giorno Buck zoppicava per il dolore, camminando con le zampe screpolate e doloranti.
Todos os dias Buck mancava de dor, caminhando com as patas doloridas e em carne viva.
Giunto all'accampamento, Buck cadde come un corpo senza vita sulla neve.
No acampamento, Buck caiu como uma forma sem vida na neve.
Sebbene fosse affamato, Buck non si alzò per consumare il pasto serale.
Embora faminto, Buck não se levantou para jantar.
François portò la sua razione a Buck, mettendogli del pesce vicino al muso.
François levou a ração para Buck, colocando peixes perto do seu focinho.
Ogni notte l'autista massaggiava i piedi di Buck per mezz'ora.
Todas as noites o motorista massageava os pés de Buck por meia hora.
François arrivò persino a tagliare i suoi mocassini per farne delle calzature per cani.
François até cortou seus próprios mocassins para fazer calçados para cães.

Quattro scarpe calde diedero a Buck un grande e gradito sollievo.
Quatro sapatos quentes deram a Buck um grande e bem-vindo alívio.
Una mattina François dimenticò le scarpe e Buck si rifiutò di alzarsi.
Certa manhã, François esqueceu os sapatos, e Buck se recusou a se levantar.
Buck giaceva sulla schiena, con i piedi in aria, e li agitava in modo pietoso.
Buck estava deitado de costas, com os pés no ar, balançando-os lamentavelmente.
Persino Perrault sorrise alla vista dell'appello drammatico di Buck.
Até Perrault sorriu ao ver o apelo dramático de Buck.
Ben presto i piedi di Buck diventarono duri e le scarpe poterono essere tolte.
Logo os pés de Buck ficaram duros e os sapatos puderam ser descartados.
A Pelly, durante il periodo in cui veniva imbrigliata, Dolly emise un ululato terribile.
Em Pelly, na hora de usar os arreios, Dolly soltou um uivo terrível.
Il grido era lungo e pieno di follia, e fece tremare tutti i cani.
O grito era longo e cheio de loucura, fazendo todos os cães tremerem.
Ogni cane si rizzava per la paura, senza capirne il motivo.
Cada cão se arrepiou de medo sem saber o motivo.
Dolly era impazzita e si era scagliata contro Buck.
Dolly enlouqueceu e se jogou direto em Buck.
Buck non aveva mai visto la follia, ma l'orrore gli riempì il cuore.
Buck nunca tinha visto loucura, mas o horror enchia seu coração.
Senza pensarci due volte, si voltò e fuggì in preda al panico più assoluto.
Sem pensar, ele se virou e fugiu em pânico absoluto.

Dolly lo inseguì, con gli occhi selvaggi e la saliva che le colava dalle fauci.
Dolly o perseguiu, com os olhos arregalados e a saliva voando de sua mandíbula.
Si tenne sempre dietro a Buck, senza mai guadagnare terreno e senza mai indietreggiare.
Ela continuou logo atrás de Buck, sem nunca ganhar terreno e sem nunca recuar.
Buck corse attraverso i boschi, giù per l'isola, sul ghiaccio frastagliato.
Buck correu pela floresta, pela ilha, atravessando gelo irregular.
Attraversò un'isola, poi un'altra, per poi tornare indietro verso il fiume.
Ele cruzou até uma ilha, depois outra, e voltou para o rio.
Dolly continuava a inseguirlo, ringhiando sempre più forte a ogni passo.
Dolly ainda o perseguia, rosnando logo atrás a cada passo.
Buck poteva sentire il suo respiro e la sua rabbia, anche se non osava voltarsi indietro.
Buck podia ouvir sua respiração e raiva, embora não ousasse olhar para trás.
François gridò da lontano e Buck si voltò verso la voce.
François gritou de longe, e Buck se virou na direção da voz.
Ancora senza fiato, Buck corse oltre, riponendo ogni speranza in François.
Ainda ofegante, Buck passou correndo, depositando toda a esperança em François.
Il conducente del cane sollevò un'ascia e aspettò che Buck gli passasse accanto.
O condutor do cão ergueu um machado e esperou enquanto Buck passava voando.
L'ascia calò rapidamente e colpì la testa di Dolly con forza mortale.
O machado desceu rapidamente e atingiu a cabeça de Dolly com força mortal.

Buck crollò vicino alla slitta, ansimando e incapace di muoversi.
Buck caiu perto do trenó, ofegante e incapaz de se mover.
Quel momento diede a Spitz la possibilità di colpire un nemico esausto.
Aquele momento deu a Spitz a chance de atacar um inimigo exausto.
Morse Buck due volte, strappandogli la carne fino all'osso bianco.
Ele mordeu Buck duas vezes, rasgando a carne até o osso branco.
La frusta di François schioccò, colpendo Spitz con tutta la sua forza, con furia.
O chicote de François estalou, atingindo Spitz com força total e furiosa.
Buck guardò con gioia Spitz mentre riceveva il pestaggio più duro fino a quel momento.
Buck observou com alegria Spitz receber sua surra mais dura até então.
«È un diavolo, quello Spitz», borbottò Perrault tra sé e sé.
"Aquele Spitz é um demônio", murmurou Perrault sombriamente para si mesmo.
"Un giorno o l'altro, quel cane maledetto ucciderà Buck, lo giuro."
"Em breve, aquele cão amaldiçoado matará Buck, eu juro."
«Quel Buck ha due diavoli dentro di sé», rispose François annuendo.
"Aquele Buck tem dois demônios dentro dele", respondeu François com um aceno de cabeça.
"Quando osservo Buck, so che dentro di lui si cela qualcosa di feroce."
"Quando observo Buck, sei que algo feroz o aguarda."
"Un giorno, si infurierà come il fuoco e farà a pezzi Spitz."
"Um dia, ele ficará furioso e destruirá o Spitz."
"Mastichera quel cane e lo sputerà sulla neve ghiacciata."
"Ele vai mastigar aquele cachorro e cuspi-lo na neve congelada."

"Certo, lo so fin nel profondo."
"Com certeza, eu sei disso no fundo da minha alma."
Da quel momento in poi, i due cani furono in guerra tra loro.
Daquele momento em diante, os dois cães estavam em guerra.
Spitz guidava la squadra e deteneva il potere, ma Buck lo sfidava.
Spitz liderou a equipe e deteve o poder, mas Buck desafiou isso.
Spitz si rese conto che il suo rango era minacciato da questo strano straniero del Sud.
Spitz viu sua posição ameaçada por esse estranho estranho de Southland.
Buck era diverso da tutti i cani del sud che Spitz aveva conosciuto fino ad allora.
Buck era diferente de qualquer cão sulista que Spitz já tivesse conhecido.
La maggior parte di loro fallì: troppo deboli per sopravvivere al freddo e alla fame.
A maioria deles falhou — estavam fracos demais para sobreviver ao frio e à fome.
Morirono rapidamente a causa del lavoro, del gelo e del lento bruciare della carestia.
Eles morreram rapidamente devido ao trabalho, à geada e à lenta queima da fome.
Buck si distingueva: ogni giorno più forte, più intelligente e più selvaggio.
Buck se destacou — a cada dia mais forte, mais inteligente e mais selvagem.
Ha prosperato nonostante le difficoltà, crescendo al pari degli husky del nord.
Ele prosperou nas dificuldades e cresceu para se igualar aos huskies do norte.
Buck era dotato di forza, abilità straordinaria e un istinto paziente e letale.
Buck tinha força, habilidade selvagem e um instinto paciente e mortal.

L'uomo con la mazza aveva annientato Buck per fargli perdere la temerarietà.
O homem com o porrete havia espancado Buck até que ele perdesse a precipitação.
La furia cieca se n'era andata, sostituita da un'astuzia silenziosa e dal controllo.
A fúria cega desapareceu, substituída por astúcia silenciosa e controle.
Attese, calmo e primordiale, in attesa del momento giusto.
Ele esperou, calmo e primitivo, observando o momento certo.
La loro lotta per il comando divenne inevitabile e chiara.
A luta pelo comando tornou-se inevitável e clara.
Buck desiderava la leadership perché il suo spirito la richiedeva.
Buck desejava liderança porque seu espírito exigia isso.
Era spinto da quello strano orgoglio che nasceva dal sentiero e dall'imbracatura.
Ele era movido pelo estranho orgulho nascido da caça e dos arreios.
Quell'orgoglio faceva sì che i cani tirassero fino a crollare sulla neve.
Esse orgulho fez os cães puxarem até desabarem na neve.
L'orgoglio li spinse a dare tutta la forza che avevano.
O orgulho os levou a dar toda a força que tinham.
L'orgoglio può trascinare un cane da slitta fino al punto di ucciderlo.
O orgulho pode atrair um cão de trenó até mesmo à morte.
Perdere l'imbracatura rendeva i cani deboli e senza scopo.
Perder o arreio deixou os cães quebrados e sem propósito.
Il cuore di un cane da slitta può essere spezzato dalla vergogna quando va in pensione.
O coração de um cão de trenó pode ser esmagado pela vergonha quando ele se aposenta.
Dave viveva con questo orgoglio mentre trascinava la slitta da dietro.
Dave viveu com esse orgulho enquanto arrastava o trenó por trás.

Anche Solleks diede il massimo con cupa forza e lealtà.
Solleks também deu tudo de si com força e lealdade.
Ogni mattina l'orgoglio li trasformava da amareggiati a determinati.
A cada manhã, o orgulho os transformava de amargos em determinados.
Spinsero per tutto il giorno, poi tacquero una volta giunti alla fine dell'accampamento.
Eles insistiram o dia todo e depois ficaram em silêncio no final do acampamento.
Quell'orgoglio diede a Spitz la forza di mettere in riga i fannulloni.
Esse orgulho deu a Spitz a força para colocar os preguiçosos na linha.
Spitz temeva Buck perché Buck nutriva lo stesso profondo orgoglio.
Spitz temia Buck porque ele carregava o mesmo orgulho profundo.
L'orgoglio di Buck ora si agitò contro Spitz, ma lui non si fermò.
O orgulho de Buck agora se voltou contra Spitz, e ele não parou.
Buck sfidò il potere di Spitz e gli impedì di punire i cani.
Buck desafiou o poder de Spitz e o impediu de punir cães.
Quando gli altri fallivano, Buck si frapponeva tra loro e il loro capo.
Quando outros falharam, Buck se colocou entre eles e seu líder.
Lo fece con intenzione, rendendo la sua sfida aperta e chiara.
Ele fez isso com intenção, deixando seu desafio aberto e claro.
Una notte una forte nevicata coprì il mondo in un profondo silenzio.
Certa noite, uma forte neve cobriu o mundo em profundo silêncio.
La mattina dopo, Pike, pigro come sempre, non si alzò per andare al lavoro.

Na manhã seguinte, Pike, preguiçoso como sempre, não se levantou para trabalhar.

Rimase nascosto nel suo nido sotto uno spesso strato di neve.

Ele ficou escondido em seu ninho, sob uma espessa camada de neve.

François gridò e cercò, ma non riuscì a trovare il cane.

François gritou e procurou, mas não conseguiu encontrar o cachorro.

Spitz si infuriò e si scagliò contro l'accampamento coperto di neve.

Spitz ficou furioso e invadiu o acampamento coberto de neve.

Ringhiò e annusò, scavando freneticamente con gli occhi fiammeggianti.

Ele rosnou e cheirou, cavando loucamente com olhos brilhantes.

La sua rabbia era così violenta che Pike tremava sotto la neve per la paura.

Sua raiva era tão intensa que Pike tremeu de medo sob a neve.

Quando finalmente Pike fu trovato, Spitz si lanciò per punire il cane nascosto.

Quando Pike foi finalmente encontrado, Spitz investiu para punir o cão escondido.

Ma Buck si scagliò tra loro con una furia pari a quella di Spitz.

Mas Buck saltou entre eles com uma fúria igual à do próprio Spitz.

L'attacco fu così improvviso e astuto che Spitz cadde a terra.

O ataque foi tão repentino e inteligente que Spitz caiu.

Pike, che tremava, trasse coraggio da questa sfida.

Pike, que estava tremendo, ganhou coragem com esse desafio.

Seguendo l'audace esempio di Buck, saltò sullo Spitz caduto.

Ele saltou sobre o Spitz caído, seguindo o exemplo ousado de Buck.

Buck, non più vincolato dall'equità, si unì allo sciopero di Spitz.

Buck, não mais limitado pela justiça, juntou-se à greve em Spitz.

François, divertito ma fermo nella disciplina, agitò la sua pesante frusta.
François, divertido mas firme na disciplina, brandiu seu pesado chicote.

Colpì Buck con tutta la sua forza per interrompere la rissa.
Ele atingiu Buck com toda a sua força para separar a briga.

Buck si rifiutò di muoversi e rimase in groppa al capo caduto.
Buck se recusou a se mover e permaneceu em cima do líder caído.

François allora usò il manico della frusta e colpì Buck con violenza.
François então usou o cabo do chicote, atingindo Buck com força.

Barcollando per il colpo, Buck cadde all'indietro sotto l'assalto.
Cambaleando devido ao golpe, Buck caiu para trás sob o ataque.

François colpì più volte mentre Spitz puniva Pike.
François atacou repetidamente enquanto Spitz punia Pike.

Passarono i giorni e Dawson City si avvicinava sempre di più.
Os dias se passaram e Dawson City ficou cada vez mais próxima.

Buck continuava a intromettersi, infilandosi tra Spitz e gli altri cani.
Buck continuou interferindo, se escondendo entre Spitz e outros cães.

Sceglieva bene i suoi momenti, aspettando sempre che François se ne andasse.
Ele escolheu bem seus momentos, sempre esperando François ir embora.

La ribellione silenziosa di Buck si diffuse e il disordine prese piede nella squadra.

A rebelião silenciosa de Buck se espalhou e a desordem criou raízes na equipe.
Dave e Solleks rimasero leali, ma altri diventarono indisciplinati.
Dave e Solleks permaneceram leais, mas outros se tornaram indisciplinados.
La squadra peggiorò: divenne irrequieta, litigiosa e fuori luogo.
A equipe piorou: ficou inquieta, briguenta e fora da linha.
Ormai niente filava liscio e le liti diventavano all'ordine del giorno.
Nada mais funcionava bem e as brigas se tornaram comuns.
Buck rimase sempre al centro dei guai, provocando disordini.
Buck permaneceu no centro dos problemas, sempre provocando inquietação.
François rimase vigile, temendo la lotta tra Buck e Spitz.
François permaneceu alerta, com medo da briga entre Buck e Spitz.
Ogni notte veniva svegliato da zuffe e temeva che finalmente fosse arrivato l'inizio.
Todas as noites, brigas o acordavam, temendo que o começo finalmente chegasse.
Balzò fuori dalla veste, pronto a interrompere la rissa.
Ele saltou do manto, pronto para interromper a briga.
Ma il momento non arrivò mai e alla fine raggiunsero Dawson.
Mas o momento nunca chegou, e eles finalmente chegaram a Dawson.
La squadra entrò in città in un pomeriggio cupo, teso e silenzioso.
A equipe entrou na cidade em uma tarde sombria, tensa e silenciosa.
La grande battaglia per la leadership era ancora sospesa nell'aria gelida.
A grande batalha pela liderança ainda pairava no ar congelado.

Dawson era piena di uomini e cani da slitta, tutti impegnati nel lavoro.
Dawson estava cheia de homens e cães de trenó, todos ocupados com o trabalho.
Buck osservava i cani trainare i carichi dalla mattina alla sera.
Buck observou os cães puxando cargas da manhã até a noite.
Trasportavano tronchi e legna da ardere e spedivano rifornimenti alle miniere.
Eles transportavam toras e lenha, e transportavam suprimentos para as minas.
Nel Southland, dove un tempo lavoravano i cavalli, ora lavoravano i cani.
Onde antes os cavalos trabalhavam no Sul, agora os cães trabalhavam duro.
Buck vide alcuni cani provenienti dal Sud, ma la maggior parte erano husky simili a lupi.
Buck viu alguns cães do Sul, mas a maioria eram huskies parecidos com lobos.
Di notte, puntuali come un orologio, i cani alzavano la voce e cantavano.
À noite, como um relógio, os cães levantavam suas vozes em canção.
Alle nove, a mezzanotte e di nuovo alle tre, il canto cominciò.
Às nove, à meia-noite e novamente às três, o canto começou.
Buck amava unirsi al loro canto inquietante, selvaggio e antico nel suono.
Buck adorava se juntar ao canto misterioso deles, selvagem e antigo.
L'aurora fiammeggiava, le stelle danzavano e la neve ricopriva la terra.
A aurora brilhava, as estrelas dançavam e a neve cobria a terra.
Il canto dei cani si elevava come un grido contro il silenzio e il freddo pungente.

O canto dos cães surgiu como um grito contra o silêncio e o frio intenso.

Ma il loro urlo esprimeva tristezza, non sfida, in ogni lunga nota.

Mas seu uivo continha tristeza, não desafio, em cada nota longa.

Ogni lamento era pieno di supplica: il peso stesso della vita.

Cada grito lamentoso era cheio de súplica; o fardo da própria vida.

Quella canzone era vecchia, più vecchia delle città e più vecchia degli incendi

Aquela canção era velha - mais velha que cidades e mais velha que incêndios

Quel canto era più antico perfino delle voci degli uomini.

Aquela canção era ainda mais antiga que as vozes dos homens.

Era una canzone del mondo dei giovani, quando tutte le canzoni erano tristi.

Era uma canção do mundo jovem, quando todas as canções eram tristes.

La canzone porta con sé il dolore di innumerevoli generazioni di cani.

A canção carregava a tristeza de inúmeras gerações de cães.

Buck percepì profondamente la melodia, gemendo per un dolore radicato nei secoli.

Buck sentiu a melodia profundamente, gemendo de dor enraizada há séculos.

Singhiozzava per un dolore antico quanto il sangue selvaggio nelle sue vene.

Ele soluçou de uma dor tão antiga quanto o sangue selvagem em suas veias.

Il freddo, l'oscurità e il mistero toccarono l'anima di Buck.

O frio, a escuridão e o mistério tocaram a alma de Buck.

Quella canzone dimostrava quanto Buck fosse tornato alle sue origini.

Aquela música provou o quanto Buck havia retornado às suas origens.

Tra la neve e gli ululati aveva trovato l'inizio della sua vita.
Através da neve e dos uivos ele encontrou o começo de sua própria vida.

Sette giorni dopo l'arrivo a Dawson, ripartirono.
Sete dias depois de chegarem a Dawson, eles partiram novamente.
La squadra si è lanciata dalla caserma fino allo Yukon Trail.
A equipe saiu do Quartel e foi até a Trilha Yukon.
Iniziarono il viaggio di ritorno verso Dyea e Salt Water.
Eles começaram a jornada de volta para Dyea e Salt Water.
Perrault trasmise dispacci ancora più urgenti di prima.
Perrault transmitiu despachos ainda mais urgentes do que antes.
Era anche preso dall'orgoglio per la corsa e puntava a stabilire un record.
Ele também foi tomado pelo orgulho das trilhas e queria estabelecer um recorde.
Questa volta Perrault aveva diversi vantaggi.
Desta vez, várias vantagens estavam do lado de Perrault.
I cani avevano riposato per un'intera settimana e avevano ripreso le forze.
Os cães descansaram por uma semana inteira e recuperaram suas forças.
La pista che avevano tracciato era ora battuta da altri.
A trilha que eles haviam aberto agora estava compactada por outros.
In alcuni punti la polizia aveva immagazzinato cibo sia per i cani che per gli uomini.
Em alguns lugares, a polícia havia armazenado comida para cães e homens.
Perrault viaggiava leggero, si muoveva velocemente e aveva poco a cui aggrapparsi.
Perrault viajava com pouca bagagem, movendo-se rápido e com pouco peso para sobrecarregá-lo.
La prima sera raggiunsero la Sixty-Mile, una corsa lunga 50 miglia.

Eles chegaram a Sixty-Mile, uma corrida de oitenta quilômetros, na primeira noite.

Il secondo giorno risalirono rapidamente lo Yukon in direzione di Pelly.

No segundo dia, eles subiram o Yukon em direção a Pelly.

Ma questi grandi progressi comportarono anche molta fatica per François.

Mas esse bom progresso trouxe muita tensão para François.

La ribellione silenziosa di Buck aveva infranto la disciplina della squadra.

A rebelião silenciosa de Buck destruiu a disciplina da equipe.

Non si univano più come un'unica bestia al comando.

Eles não se uniam mais como uma só fera nas rédeas.

Buck aveva spinto altri alla sfida con il suo coraggioso esempio.

Buck levou outros à rebeldia por meio de seu exemplo ousado.

L'ordine di Spitz non veniva più accolto con timore o rispetto.

O comando de Spitz não era mais recebido com medo ou respeito.

Gli altri persero ogni timore reverenziale nei suoi confronti e osarono opporsi al suo governo.

Os outros perderam o temor por ele e ousaram resistir ao seu governo.

Una notte, Pike rubò mezzo pesce e lo mangiò sotto gli occhi di Buck.

Certa noite, Pike roubou metade de um peixe e o comeu sob os olhos de Buck.

Un'altra notte, Dub e Joe combatterono contro Spitz e rimasero impuniti.

Em outra noite, Dub e Joe lutaram contra Spitz e saíram impunes.

Anche Billee gemette meno dolcemente e mostrò una nuova acutezza.

Até Billee choramingou menos docemente e demonstrou uma nova aspereza.

Buck ringhiava a Spitz ogni volta che si incrociavano.

Buck rosnava para Spitz toda vez que seus caminhos se cruzavam.
L'atteggiamento di Buck divenne audace e minaccioso, quasi come quello di un bullo.
A atitude de Buck tornou-se ousada e ameaçadora, quase como a de um valentão.
Camminava avanti e indietro davanti a Spitz con un'andatura spavalda e piena di minaccia beffarda.
Ele andava de um lado para o outro na frente de Spitz com arrogância, cheio de ameaça e zombaria.
Questo crollo dell'ordine si diffuse anche tra i cani da slitta.
Esse colapso da ordem também se espalhou entre os cães de trenó.
Litigarono e discussero più che mai, riempiendo l'accampamento di rumore.
Eles brigavam e discutiam mais do que nunca, enchendo o acampamento com barulho.
Ogni notte la vita nel campeggio si trasformava in un caos selvaggio e ululante.
A vida no acampamento se transformava em um caos selvagem e estrondoso todas as noites.
Solo Dave e Solleks rimasero fermi e concentrati.
Somente Dave e Solleks permaneceram firmes e focados.
Ma anche loro diventarono irascibili a causa delle continue risse.
Mas até eles ficaram irritados por causa das brigas constantes.
François imprecò in lingue strane e batté i piedi per la frustrazione.
François xingou em línguas estranhas e pisou forte de frustração.
Si strappò i capelli e urlò mentre la neve gli volava sotto i piedi.
Ele puxou os cabelos e gritou enquanto a neve voava sob seus pés.
La sua frusta schioccò contro il gruppo, ma a malapena riuscì a tenerli in riga.

Seu chicote estalava no bando, mas mal conseguia mantê-los na linha.
Ogni volta che voltava le spalle, la lotta ricominciava.
Sempre que ele virava as costas, a briga recomeçava.
François usò la frusta per Spitz, mentre Buck guidava i ribelli.
François usou o chicote para Spitz, enquanto Buck liderava os rebeldes.
Ognuno conosceva il ruolo dell'altro, ma Buck evitava di addossare ogni colpa.
Cada um sabia o papel do outro, mas Buck evitou qualquer culpa.
François non ha mai colto Buck mentre iniziava una rissa o si sottraeva al suo lavoro.
François nunca pegou Buck começando uma briga ou se esquivando do seu trabalho.
Buck lavorava duramente ai finimenti: la fatica ora gli dava entusiasmo.
Buck trabalhou duro com arreios — o trabalho agora emocionava seu espírito.
Ma trovava ancora più gioia nel fomentare risse e caos nell'accampamento.
Mas ele encontrou ainda mais alegria em provocar brigas e caos no acampamento.

Una sera, alla foce del Tahkeena, Dub spaventò un coniglio.
Certa noite, na boca do Tahkeena, Dub assustou um coelho.
Mancò la presa e il coniglio con la racchetta da neve balzò via.
Ele errou a captura e o coelho da neve saltou para longe.
Nel giro di pochi secondi, l'intera squadra di slitte si lanciò all'inseguimento, gridando a squarciagola.
Em segundos, toda a equipe de trenó começou a persegui-los com gritos selvagens.
Nelle vicinanze, un accampamento della polizia del nord-ovest ospitava cinquanta cani husky.

Perto dali, um acampamento da Polícia do Noroeste abrigava cinquenta cães husky.
Si unirono alla caccia, scendendo insieme il fiume ghiacciato.
Eles se juntaram à caçada, descendo juntos o rio congelado.
Il coniglio lasciò il fiume e fuggì lungo il letto ghiacciato di un ruscello.
O coelho desviou do rio e fugiu subindo o leito congelado de um riacho.
Il coniglio saltellava leggero sulla neve mentre i cani si facevano strada a fatica.
O coelho pulava levemente sobre a neve enquanto os cães lutavam para passar.
Buck guidava l'enorme branco di sessanta cani attorno a ogni curva tortuosa.
Buck liderava a enorme matilha de sessenta cães em cada curva sinuosa.
Si spinse in avanti, basso e impaziente, ma non riuscì a guadagnare terreno.
Ele avançou, baixo e ansioso, mas não conseguiu ganhar terreno.
Il suo corpo brillava sotto la pallida luna a ogni potente balzo.
Seu corpo brilhava sob a lua pálida a cada salto poderoso.
Davanti a loro, il coniglio si muoveva come un fantasma, silenzioso e troppo veloce per essere catturato.
À frente, o coelho se movia como um fantasma, silencioso e rápido demais para ser capturado.
Tutti quei vecchi istinti, la fame, l'eccitazione, attraversarono Buck.
Todos aqueles velhos instintos — a fome, a emoção — invadiram Buck.
A volte gli esseri umani avvertono questo istinto e sono spinti a cacciare con armi da fuoco e proiettili.
Às vezes, os humanos sentem esse instinto, levados a caçar com armas de fogo e balas.

Ma Buck provava questa sensazione a un livello più profondo e personale.
Mas Buck sentiu esse sentimento em um nível mais profundo e pessoal.

Non riuscivano a percepire la natura selvaggia nel loro sangue come Buck.
Eles não conseguiam sentir a natureza selvagem em seu sangue da mesma forma que Buck conseguia sentir.

Inseguiva la carne viva, pronto a uccidere con i denti e ad assaggiare il sangue.
Ele perseguia carne viva, pronto para matar com os dentes e provar sangue.

Il suo corpo si tendeva per la gioia, desiderando immergersi nel caldo rosso della vita.
Seu corpo se contraiu de alegria, desejando banhar-se na vida quente e vermelha.

Una strana gioia segna il punto più alto che la vita possa mai raggiungere.
Uma estranha alegria marca o ponto mais alto que a vida pode alcançar.

La sensazione di raggiungere un picco in cui i vivi dimenticano di essere vivi.
A sensação de um pico onde os vivos esquecem que estão vivos.

Questa gioia profonda tocca l'artista immerso in un'ispirazione ardente.
Essa alegria profunda toca o artista perdido em inspiração ardente.

Questa gioia afferra il soldato che combatte selvaggiamente e non risparmia alcun nemico.
Essa alegria toma conta do soldado que luta bravamente e não poupa nenhum inimigo.

Questa gioia ora colpì Buck mentre guidava il branco in preda alla fame primordiale.
Essa alegria agora tomava conta de Buck enquanto ele liderava o bando em uma fome primitiva.

Ululò con l'antico grido del lupo, emozionato per l'inseguimento.
Ele uivou com o antigo grito de lobo, emocionado pela perseguição viva.
Buck fece appello alla parte più antica di sé, persa nella natura selvaggia.
Buck recorreu à parte mais antiga de si mesmo, perdida na natureza.
Scavò in profondità dentro di sé, oltre la memoria, fino al tempo grezzo e antico.
Ele alcançou o interior profundo, o passado, o tempo antigo e cru.
Un'ondata di vita pura pervase ogni muscolo e tendine.
Uma onda de vida pura percorreu cada músculo e tendão.
Ogni salto gridava che viveva, che attraversava la morte.
Cada salto gritava que ele vivia, que ele passava pela morte.
Il suo corpo si librava gioioso su una terra immobile e fredda che non si muoveva mai.
Seu corpo voou alegremente sobre a terra parada e fria que nunca se mexeu.
Spitz rimase freddo e astuto anche nei suoi momenti più selvaggi.
Spitz permaneceu frio e astuto, mesmo em seus momentos mais selvagens.
Lasciò il sentiero e attraversò un terreno dove il torrente formava una curva ampia.
Ele deixou a trilha e atravessou a terra onde o riacho fazia uma curva larga.
Buck, ignaro di ciò, rimase sul sentiero tortuoso del coniglio.
Buck, sem saber disso, permaneceu no caminho sinuoso do coelho.
Poi, mentre Buck svoltava dietro una curva, il coniglio spettrale si trovò davanti a lui.
Então, quando Buck fez uma curva, o coelho fantasmagórico apareceu diante dele.
Vide una seconda figura balzare dalla riva precedendo la preda.

Ele viu uma segunda figura saltar da margem à frente da presa.

La figura era Spitz, atterrato proprio sulla traiettoria del coniglio in fuga.

A figura era Spitz, pousando bem no caminho do coelho em fuga.

Il coniglio non riuscì a girarsi e incontrò le fauci di Spitz a mezz'aria.

O coelho não conseguiu se virar e encontrou as mandíbulas de Spitz no ar.

La spina dorsale del coniglio si spezzò con un grido acuto come il grido di un essere umano morente.

A espinha do coelho quebrou com um grito tão agudo quanto o grito de um humano moribundo.

A quel suono, il passaggio dalla vita alla morte, il branco ululò forte.

Ao som daquele som — a queda da vida para a morte — a matilha uivou alto.

Un coro selvaggio si levò da dietro Buck, pieno di oscura gioia.

Um coro selvagem surgiu atrás de Buck, cheio de prazer sombrio.

Buck non emise alcun grido, nessun suono e si lanciò dritto verso Spitz.

Buck não deu nenhum grito, nenhum som, e avançou direto em direção a Spitz.

Mirò alla gola, ma colpì invece la spalla.

Ele mirou na garganta, mas acertou o ombro.

Caddero nella neve soffice, i loro corpi erano intrappolati in un combattimento.

Eles caíram na neve fofa; seus corpos travaram um combate.

Spitz balzò in piedi rapidamente, come se non fosse mai stato atterrato.

Spitz se levantou rapidamente, como se nunca tivesse caído.

Colpì Buck alla spalla e poi balzò fuori dalla mischia.

Ele cortou o ombro de Buck e então saltou para longe da luta.

Per due volte i suoi denti schioccarono come trappole d'acciaio, e le sue labbra si arricciarono e si fecero feroci.
Duas vezes seus dentes estalaram como armadilhas de aço, lábios curvados e ferozes.

Arretrò lentamente, cercando un terreno solido sotto i piedi.
Ele recuou lentamente, buscando chão firme sob seus pés.

Buck comprese il momento all'istante e pienamente.
Buck entendeu o momento instantaneamente e completamente.

Il momento era giunto: la lotta sarebbe stata una lotta all'ultimo sangue.
A hora havia chegado; a luta seria até a morte.

I due cani giravano in cerchio, ringhiando, con le orecchie piatte e gli occhi socchiusi.
Os dois cães circulavam, rosnando, com as orelhas achatadas e os olhos semicerrados.

Ogni cane aspettava che l'altro mostrasse debolezza o facesse un passo falso.
Cada cão esperava que o outro demonstrasse fraqueza ou passo em falso.

Buck percepiva quella scena come stranamente nota e profondamente ricordata.
Para Buck, a cena parecia estranhamente conhecida e profundamente lembrada.

I boschi bianchi, la terra fredda, la battaglia al chiaro di luna.
As florestas brancas, a terra fria, a batalha sob o luar.

Un silenzio pesante, profondo e innaturale riempiva la terra.
Um silêncio pesado enchia a terra, profundo e sobrenatural.

Nessun vento si alzava, nessuna foglia si muoveva, nessun suono rompeva il silenzio.
Nenhum vento soprava, nenhuma folha se movia, nenhum som quebrava o silêncio.

Il respiro dei cani si levava come fumo nell'aria gelida e silenziosa.
A respiração dos cães subia como fumaça no ar congelado e silencioso.

Il coniglio era stato dimenticato da tempo dal branco di animali selvatici.
O coelho foi esquecido há muito tempo pela matilha de feras selvagens.
Questi lupi semiaddomesticati ora stavano fermi in un ampio cerchio.
Esses lobos meio domesticados agora estavam parados em um amplo círculo.
Erano silenziosi, solo i loro occhi luminosi rivelavano la loro fame.
Eles estavam quietos, apenas seus olhos brilhantes revelavam sua fome.
Il loro respiro saliva, mentre osservavano l'inizio dello scontro finale.
A respiração deles subiu, observando a luta final começar.
Per Buck questa battaglia era vecchia e attesa, per niente strana.
Para Buck, essa batalha era antiga e esperada, nada estranha.
Era come il ricordo di qualcosa che doveva accadere da sempre.
Parecia uma lembrança de algo que sempre deveria acontecer.
Spitz era un cane da combattimento addestrato, affinato da innumerevoli risse selvagge.
Spitz era um cão de luta treinado, aperfeiçoado por inúmeras brigas selvagens.
Dallo Spitzbergen al Canada, aveva sconfitto molti nemici.
De Spitzbergen ao Canadá, ele derrotou muitos inimigos.
Era pieno di rabbia, ma non cedette mai il controllo alla rabbia.
Ele estava cheio de fúria, mas nunca deu controle à raiva.
La sua passione era acuta, ma sempre temperata dal duro istinto.
Sua paixão era intensa, mas sempre temperada por um forte instinto.
Non ha mai attaccato finché non ha avuto la sua difesa pronta.
Ele nunca atacou até que sua própria defesa estivesse pronta.

Buck provò più volte a raggiungere il collo vulnerabile di Spitz.
Buck tentou várias vezes alcançar o pescoço vulnerável de Spitz.
Ma ogni colpo veniva accolto da un fendente dei denti affilati di Spitz.
Mas cada golpe era recebido com um corte dos dentes afiados de Spitz.
Le loro zanne si scontrarono ed entrambi i cani sanguinarono dalle labbra lacerate.
Suas presas se chocaram, e ambos os cães sangraram pelos lábios dilacerados.
Nonostante i suoi sforzi, Buck non riusciva a rompere la difesa.
Não importava o quanto Buck atacasse, ele não conseguia quebrar a defesa.
Divenne sempre più furioso e si lanciò verso di lui con violente esplosioni di potenza.
Ele ficou mais furioso, avançando com explosões selvagens de poder.
Buck colpì ripetutamente la bianca gola di Spitz.
Repetidamente, Buck atacou a garganta branca de Spitz.
Ogni volta Spitz schivava e contrattaccava con un morso tagliente.
Cada vez que Spitz se esquivava, ele revidava com uma mordida cortante.
Poi Buck cambiò tattica, avventandosi di nuovo come se volesse colpirlo alla gola.
Então Buck mudou de tática, avançando como se fosse em direção à garganta novamente.
Ma a metà attacco si è ritirato, girandosi per colpire di lato.
Mas ele recuou no meio do ataque, virando-se para atacar de lado.
Colpì Spitz con una spallata, con l'intento di buttarlo a terra.
Ele jogou o ombro em Spitz, com a intenção de derrubá-lo.
Ogni volta che ci provava, Spitz lo schivava e rispondeva con un fendente.

Cada vez que ele tentava, Spitz desviava e contra-atacava com um golpe.
La spalla di Buck si faceva scorticare mentre Spitz si liberava dopo ogni colpo.
O ombro de Buck ficou em carne viva quando Spitz saltou para longe após cada golpe.
Spitz non era stato toccato, mentre Buck sanguinava dalle numerose ferite.
Spitz não foi tocado, enquanto Buck sangrava por muitos ferimentos.
Il respiro di Buck era affannoso e pesante, il suo corpo era viscido di sangue.
A respiração de Buck estava rápida e pesada, seu corpo coberto de sangue.
La lotta diventava più brutale a ogni morso e carica.
A luta se tornou mais brutal a cada mordida e investida.
Attorno a loro, sessanta cani silenziosi aspettavano che il primo cadesse.
Ao redor deles, sessenta cães silenciosos esperavam que o primeiro caísse.
Se un cane fosse caduto, il branco avrebbe posto fine alla lotta.
Se um cachorro caísse, a matilha terminaria a luta.
Spitz vide Buck indebolirsi e cominciò ad attaccare.
Spitz viu Buck enfraquecendo e começou a pressionar o ataque.
Mantenne Buck sbilanciato, costringendolo a lottare per restare in piedi.
Ele manteve Buck desequilibrado, forçando-o a lutar para manter o equilíbrio.
Una volta Buck inciampò e cadde, e tutti i cani si rialzarono.
Certa vez, Buck tropeçou e caiu, e todos os cães se levantaram.
Ma Buck si raddrizzò a metà caduta e tutti ricaddero.
Mas Buck se endireitou no meio da queda, e todos afundaram novamente.
Buck aveva qualcosa di raro: un'immaginazione nata da un profondo istinto.

Buck tinha algo raro: imaginação nascida de um instinto profundo.
Combatté per istinto naturale, ma combatté anche con astuzia.
Ele lutou por impulso natural, mas também lutou com astúcia.
Tornò ad attaccare come se volesse ripetere il trucco dell'attacco alla spalla.
Ele atacou novamente como se estivesse repetindo seu truque de ataque de ombro.
Ma all'ultimo secondo si abbassò e passò sotto Spitz.
Mas no último segundo, ele se abaixou e passou por baixo de Spitz.
I suoi denti si bloccarono sulla zampa anteriore sinistra di Spitz con uno schiocco.
Seus dentes se fecharam na perna dianteira esquerda de Spitz com um estalo.
Spitz ora era instabile e il suo peso gravava solo su tre zampe.
Spitz agora estava instável, com seu peso apoiado em apenas três pernas.
Buck colpì di nuovo e tentò tre volte di atterrarlo.
Buck atacou novamente e tentou derrubá-lo três vezes.
Al quarto tentativo ha usato la stessa mossa con successo
Na quarta tentativa ele usou o mesmo movimento com sucesso
Questa volta Buck riuscì a mordere la zampa destra di Spitz.
Desta vez, Buck conseguiu morder a perna direita de Spitz.
Spitz, benché storpio e in agonia, continuò a lottare per sopravvivere.
Spitz, embora aleijado e em agonia, continuou lutando para sobreviver.
Vide il cerchio degli husky stringersi, con le lingue fuori e gli occhi luminosi.
Ele viu o círculo de huskies se estreitar, com as línguas de fora e os olhos brilhando.
Aspettarono di divorarlo, proprio come avevano fatto con gli altri.

Eles esperaram para devorá-lo, assim como fizeram com os outros.
Questa volta era lui al centro, sconfitto e condannato.
Desta vez, ele ficou no centro; derrotado e condenado.
Ormai il cane bianco non aveva più alcuna possibilità di fuga.
Agora não havia mais opção de fuga para o cão branco.
Buck non mostrò alcuna pietà, perché la pietà non era a posto nella natura selvaggia.
Buck não demonstrou misericórdia, pois misericórdia não pertence à natureza.
Buck si mosse con cautela, preparandosi per la carica finale.
Buck se moveu com cuidado, preparando-se para o ataque final.
Il cerchio degli husky si stringeva; lui sentiva i loro respiri caldi.
O círculo de huskies se fechou; ele sentiu suas respirações quentes.
Si accovacciarono, pronti a scattare quando fosse giunto il momento.
Eles se agacharam, preparados para atacar quando chegasse o momento.
Spitz tremava nella neve, ringhiando e cambiando posizione.
Spitz tremeu na neve, rosnando e mudando de posição.
I suoi occhi brillavano, le labbra si arricciavano, i denti brillavano in un'espressione disperata e minacciosa.
Seus olhos brilhavam, seus lábios se curvavam e seus dentes brilhavam em uma ameaça desesperada.
Barcollò, cercando ancora di resistere al freddo morso della morte.
Ele cambaleou, ainda tentando segurar a fria mordida da morte.
Aveva già visto situazioni simili, ma sempre dalla parte dei vincitori.
Ele já tinha visto isso antes, mas sempre do lado vencedor.
Ora era dalla parte perdente; lo sconfitto; la preda; la morte.

Agora ele estava do lado perdedor; o derrotado; a presa; a morte.
Buck si preparò al colpo finale, mentre il cerchio dei cani si faceva sempre più stretto.
Buck circulou para o golpe final, o círculo de cães se aproximando.
Poteva sentire i loro respiri caldi; erano pronti a uccidere.
Ele podia sentir suas respirações quentes; prontos para matar.
Calò il silenzio; tutto era al suo posto; il tempo si era fermato.
Houve um silêncio; tudo estava em seu lugar; o tempo havia parado.
Persino l'aria fredda tra loro si congelò per un ultimo istante.
Até o ar frio entre eles congelou por um último momento.
Soltanto Spitz si mosse, cercando di trattenere la sua fine amara.
Somente Spitz se moveu, tentando evitar seu amargo fim.
Il cerchio dei cani si stava stringendo attorno a lui, come era suo destino.
O círculo de cães estava se fechando ao redor dele, assim como seu destino.
Ora era disperato, sapendo cosa stava per accadere.
Ele estava desesperado agora, sabendo o que estava prestes a acontecer.
Buck balzò dentro e la sua spalla incontrò la sua spalla per l'ultima volta.
Buck saltou, ombro a ombro uma última vez.
I cani si lanciarono in avanti, nascondendo Spitz nell'oscurità della neve.
Os cães avançaram, cobrindo Spitz na escuridão da neve.
Buck osservava, eretto e fiero; il vincitore in un mondo selvaggio.
Buck observou, de pé; o vencedor em um mundo selvagem.
La bestia primordiale dominante aveva fatto la sua uccisione, e la aveva fatta bene.
A besta primordial dominante havia feito sua presa, e foi boa.

Colui che ha conquistato la maestria
Aquele que venceu a Maestria

"Eh? Cosa ho detto? Dico la verità quando dico che Buck è un diavolo."
"Hã? O que eu disse? Falo a verdade quando digo que o Buck é um demônio."

François raccontò questo la mattina dopo aver scoperto la scomparsa di Spitz.
François disse isso na manhã seguinte, depois de descobrir que Spitz havia desaparecido.

Buck rimase lì, coperto di ferite causate dal violento combattimento.
Buck ficou ali, coberto de ferimentos da luta violenta.

François tirò Buck vicino al fuoco e indicò le ferite.
François puxou Buck para perto do fogo e apontou para os ferimentos.

«Quello Spitz ha combattuto come il Devik», disse Perrault, osservando i profondi tagli.
"Aquele Spitz lutou como o Devik", disse Perrault, olhando para os cortes profundos.

«E quel Buck si batteva come due diavoli», rispose subito François.
"E aquele Buck lutou como dois demônios", respondeu François imediatamente.

"Ora faremo buon passo; niente più Spitz, niente più guai."
"Agora faremos um bom tempo; chega de Spitz, chega de problemas."

Perrault stava preparando l'attrezzatura e caricò la slitta con cura.
Perrault estava empacotando o equipamento e carregou o trenó com cuidado.

François bardò i cani per prepararli alla corsa della giornata.
François preparou os cães para a corrida do dia.

Buck trotterellò dritto verso la posizione di testa, precedentemente occupata da Spitz.

Buck trotou direto para a posição de liderança antes ocupada por Spitz.
Ma François, senza accorgersene, condusse Solleks in prima linea.
Mas François, sem perceber, levou Solleks para a frente.
Secondo François, Solleks era ora il miglior cane da corsa.
Na opinião de François, Solleks era agora o melhor cão guia.
Buck si scagliò furioso contro Solleks e lo respinse indietro in segno di protesta.
Buck avançou furioso contra Solleks e o empurrou para trás em protesto.
Si fermò dove un tempo si era fermato Spitz, rivendicando la posizione di comando.
Ele ficou onde Spitz esteve uma vez, reivindicando a posição de liderança.
"Eh? Eh?" esclamò François, dandosi una pacca sulle cosce divertito.
"É? É?", gritou François, dando tapinhas nas coxas, divertido.
"Guarda Buck: ha ucciso Spitz, ora vuole prendersi il posto!"
"Olhe para o Buck, ele matou o Spitz e agora quer assumir o trabalho!"
"Vattene via, Chook!" urlò, cercando di scacciare Buck.
"Vá embora, Chook!" ele gritou, tentando afastar Buck.
Ma Buck si rifiutò di muoversi e rimase immobile nella neve.
Mas Buck se recusou a se mover e permaneceu firme na neve.
François afferrò Buck per la collottola e lo trascinò da parte.
François agarrou Buck pelo pescoço e o arrastou para o lado.
Buck ringhiò basso e minaccioso, ma non attaccò.
Buck rosnou baixo e ameaçadoramente, mas não atacou.
François rimette Solleks in testa, cercando di risolvere la disputa
François colocou Solleks de volta na liderança, tentando resolver a disputa
Il vecchio cane mostrò paura di Buck e non voleva restare.
O velho cachorro demonstrou medo de Buck e não queria ficar.

Quando François gli voltò le spalle, Buck scacciò di nuovo Solleks.
Quando François virou as costas, Buck expulsou Solleks novamente.
Solleks non oppose resistenza e si fece di nuovo da parte in silenzio.
Solleks não resistiu e silenciosamente se afastou mais uma vez.
François si arrabbiò e urlò: "Per Dio, ti sistemo!"
François ficou furioso e gritou: "Por Deus, eu vou te consertar!"
Si avvicinò a Buck tenendo in mano una pesante mazza.
Ele veio em direção a Buck segurando um pesado porrete na mão.
Buck ricordava bene l'uomo con il maglione rosso.
Buck se lembrava bem do homem do suéter vermelho.
Si ritirò lentamente, osservando François ma ringhiando profondamente.
Ele recuou lentamente, observando François, mas rosnando profundamente.
Non si affrettò a tornare indietro, nemmeno quando Solleks si mise al suo posto.
Ele não voltou correndo, mesmo quando Solleks assumiu seu lugar.
Buck si girò in cerchio, appena fuori dalla sua portata, ringhiando furioso e protestando.
Buck circulou além do alcance, rosnando em fúria e protesto.
Teneva gli occhi fissi sulla mazza, pronto a schivare il colpo se François l'avesse lanciata.
Ele manteve os olhos no taco, pronto para desviar se François jogasse.
Era diventato saggio e cauto nei confronti degli uomini che maneggiavano le armi.
Ele se tornou sábio e cauteloso em relação aos costumes dos homens armados.
François si arrese e chiamò di nuovo Buck al suo vecchio posto.

François desistiu e chamou Buck novamente para seu antigo lugar.

Ma Buck fece un passo indietro con cautela, rifiutandosi di obbedire all'ordine.

Mas Buck recuou cautelosamente, recusando-se a obedecer à ordem.

François lo seguì, ma Buck indietreggiò solo di pochi passi.

François o seguiu, mas Buck recuou apenas mais alguns passos.

Dopo un po' François gettò a terra l'arma, frustrato.

Depois de algum tempo, François jogou a arma no chão, frustrado.

Pensava che Buck avesse paura di essere picchiato e che avrebbe fatto lo stesso senza far rumore.

Ele pensou que Buck estava com medo de apanhar e iria agir discretamente.

Ma Buck non stava evitando la punizione: stava lottando per ottenere un rango.

Mas Buck não estava evitando a punição: ele estava lutando por posição.

Si era guadagnato il posto di capobranco combattendo fino alla morte

Ele conquistou o posto de cão líder por meio de uma luta até a morte

non si sarebbe accontentato di niente di meno che di essere il leader.

ele não iria se contentar com nada menos do que ser o líder.

Perrault si unì all'inseguimento per aiutare a catturare il ribelle Buck.

Perrault ajudou na perseguição para capturar o rebelde Buck.

Insieme lo portarono in giro per l'accampamento per quasi un'ora.

Juntos, eles o fizeram correr pelo acampamento por quase uma hora.

Gli scagliarono contro dei bastoni, ma Buck li schivò abilmente uno per uno.

Eles atiraram cassetetes nele, mas Buck desviou de cada um deles habilmente.

Maledissero lui, i suoi antenati, i suoi discendenti e ogni suo capello.

Eles o amaldiçoaram, a seus ancestrais, a seus descendentes e a cada fio de cabelo dele.

Ma Buck si limitò a ringhiare e a restare appena fuori dalla loro portata.

Mas Buck apenas rosnou de volta e ficou fora do alcance deles.

Non cercò mai di scappare, ma continuò a girare intorno all'accampamento deliberatamente.

Ele nunca tentou fugir, mas circulou o acampamento deliberadamente.

Disse chiaramente che avrebbe obbedito una volta ottenuto ciò che voleva.

Ele deixou claro que iria obedecer quando lhe dessem o que queria.

Alla fine François si sedette e si grattò la testa, frustrato.

François finalmente sentou-se e coçou a cabeça, frustrado.

Perrault controllò l'orologio, imprecò e borbottò qualcosa sul tempo perso.

Perrault olhou para o relógio, xingou e murmurou sobre o tempo perdido.

Era già trascorsa un'ora, mentre avrebbero dovuto essere sulle tracce.

Já havia passado uma hora em que eles deveriam estar na trilha.

François alzò le spalle timidamente, guardando il corriere, che sospirò sconfitto.

François deu de ombros timidamente para o mensageiro, que suspirou derrotado.

Poi François si avvicinò a Solleks e chiamò ancora una volta Buck.

Então François caminhou até Solleks e chamou Buck mais uma vez.

Buck rise come ride un cane, ma mantenne una cauta distanza.

Buck riu como um cachorro ri, mas manteve uma distância cautelosa.
François tolse l'imbracatura a Solleks e lo rimise al suo posto.
François removeu o arreio de Solleks e o colocou de volta em seu lugar.
La squadra di slittini era completamente imbracata, con un solo posto libero.
A equipe de trenó estava totalmente equipada, com apenas uma vaga vazia.
La posizione di comando rimase vuota, chiaramente riservata solo a Buck.
A posição de liderança permaneceu vazia, claramente destinada apenas a Buck.
François chiamò di nuovo e di nuovo Buck rise e mantenne la sua posizione.
François chamou novamente, e mais uma vez Buck riu e se manteve firme.
«Gettate giù la mazza», ordinò Perrault senza esitazione.
"Jogue o porrete no chão", ordenou Perrault sem hesitar.
François obbedì e Buck si lanciò subito avanti con orgoglio.
François obedeceu, e Buck imediatamente trotou para frente, orgulhoso.
Rise trionfante e assunse la posizione di comando.
Ele riu triunfantemente e assumiu a posição de liderança.
François fissò le corde e la slitta si staccò.
François prendeu seus rastros e o trenó foi solto.
Entrambi gli uomini corsero fianco a fianco mentre la squadra si lanciava lungo il sentiero del fiume.
Os dois homens correram juntos enquanto a equipe avançava pela trilha do rio.
François aveva avuto una grande stima dei "due diavoli" di Buck,
François tinha em alta conta os "dois demônios" de Buck,
ma ben presto si rese conto di aver in realtà sottovalutato il cane.

mas ele logo percebeu que na verdade havia subestimado o cachorro.

Buck assunse rapidamente la leadership e si comportò in modo eccellente.

Buck rapidamente assumiu a liderança e teve um desempenho excelente.

Buck superò Spitz per capacità di giudizio, rapidità di pensiero e rapidità di azione.

Em julgamento, raciocínio rápido e ação rápida, Buck superou Spitz.

François non aveva mai visto un cane pari a quello che Buck mostrava ora.

François nunca tinha visto um cão igual ao que Buck agora exibia.

Ma Buck eccelleva davvero nel far rispettare l'ordine e nel imporre rispetto.

Mas Buck realmente se destacou em impor a ordem e impor respeito.

Dave e Solleks accettarono il cambiamento senza preoccupazioni o proteste.

Dave e Solleks aceitaram a mudança sem preocupação ou protesto.

Si concentravano solo sul lavoro e tiravano forte le redini.

Eles se concentravam apenas no trabalho e em puxar as rédeas com força.

A loro importava poco chi guidasse, purché la slitta continuasse a muoversi.

Pouco se importavam com quem liderava, desde que o trenó continuasse se movendo.

Billee, quella allegra, avrebbe potuto comandare per quel che volevano.

Billee, o alegre, poderia ter liderado, se importasse.

Ciò che contava per loro era la pace e l'ordine tra i ranghi.

O que importava para eles era a paz e a ordem nas fileiras.

Il resto della squadra era diventato indisciplinato durante il declino di Spitz.

O resto da equipe ficou indisciplinado durante o declínio de Spitz.
Rimasero scioccati quando Buck li riportò immediatamente all'ordine.
Eles ficaram chocados quando Buck imediatamente os colocou em ordem.
Pike era sempre stato pigro e aveva sempre tergiversato dietro a Buck.
Pike sempre foi preguiçoso e arrastava os pés atrás de Buck.
Ma ora è stato severamente disciplinato dalla nuova leadership.
Mas agora foi severamente disciplinado pela nova liderança.
E imparò rapidamente a dare il suo contributo alla squadra.
E ele rapidamente aprendeu a contribuir com a equipe.
Alla fine della giornata, Pike lavorò più duramente che mai.
No final do dia, Pike trabalhou mais do que nunca.
Quella notte all'accampamento, Joe, il cane scontroso, fu finalmente domato.
Naquela noite no acampamento, Joe, o cão azedo, foi finalmente subjugado.
Spitz non era riuscito a disciplinarlo, ma Buck non aveva fallito.
Spitz falhou em discipliná-lo, mas Buck não falhou.
Sfruttando il suo peso maggiore, Buck sopraffece Joe in pochi secondi.
Usando seu peso maior, Buck dominou Joe em segundos.
Morse e picchiò Joe finché questi non si mise a piagnucolare e smise di opporre resistenza.
Ele mordeu e bateu em Joe até que ele choramingou e parou de resistir.
Da quel momento in poi l'intera squadra migliorò.
A partir daquele momento, toda a equipe melhorou.
I cani ritrovarono la loro antica unità e disciplina.
Os cães recuperaram sua antiga unidade e disciplina.
A Rink Rapids si sono uniti al gruppo due nuovi husky autoctoni, Teek e Koona.

Em Rink Rapids, dois novos huskies nativos, Teek e Koona, se juntaram.

La rapidità con cui Buck li addestramento stupì perfino François.

O rápido treinamento de Buck surpreendeu até mesmo François.

"Non è mai esistito un cane come quel Buck!" esclamò stupito.

"Nunca existiu um cão como aquele Buck!" ele gritou, espantado.

"No, mai! Vale mille dollari, per Dio!"

"Não, nunca! Ele vale mil dólares, meu Deus!"

"Eh? Che ne dici, Perrault?" chiese con orgoglio.

"Hã? O que você diz, Perrault?", perguntou ele, orgulhoso.

Perrault annuì in segno di assenso e controllò i suoi appunti.

Perrault concordou com a cabeça e verificou suas anotações.

Siamo già in anticipo sui tempi e guadagniamo sempre di più ogni giorno.

Já estamos adiantados e ganhando mais a cada dia.

Il sentiero era compatto e liscio, senza neve fresca.

A trilha era compactada e lisa, sem neve fresca.

Il freddo era costante, con temperature che si aggiravano sempre sui cinquanta gradi sotto zero.

O frio era constante, oscilando em torno de cinquenta graus abaixo de zero o tempo todo.

Per scaldarsi e guadagnare tempo, gli uomini si alternavano a cavallo e a correre.

Os homens cavalgavam e corriam em turnos para se manterem aquecidos e ganhar tempo.

I cani correvano veloci, fermandosi di rado, spingendosi sempre in avanti.

Os cães corriam rápido, com poucas paradas, sempre avançando.

Il fiume Thirty Mile era per la maggior parte ghiacciato e facile da attraversare.

O Rio Thirty Mile estava quase todo congelado e era fácil atravessá-lo.

In un giorno realizzarono ciò che per arrivare aveva impiegato dieci giorni.
Eles saíram em um dia o que levou dez dias para chegar.
Percorsero circa 96 chilometri dal lago Le Barge a White Horse.
Eles correram 96 quilômetros do Lago Le Barge até White Horse.
Si muovevano a velocità incredibile attraverso i laghi Marsh, Tagish e Bennett.
Eles se moveram incrivelmente rápido pelos lagos Marsh, Tagish e Bennett.
L'uomo che correva veniva trainato dietro la slitta con una corda.
O homem correndo foi rebocado pelo trenó por uma corda.
L'ultima notte della seconda settimana giunsero a destinazione.
Na última noite da segunda semana eles chegaram ao seu destino.
Insieme avevano raggiunto la cima del White Pass.
Eles chegaram juntos ao topo do White Pass.
Scesero fino al livello del mare, con le luci dello Skaguay sotto di loro.
Eles desceram ao nível do mar com as luzes de Skaguay abaixo deles.
Era stata una corsa da record attraverso chilometri di fredda natura selvaggia.
Foi uma corrida recorde atravessando quilômetros de deserto frio.
Per quattordici giorni di fila percorsero in media circa quaranta miglia.
Durante quatorze dias seguidos, eles percorreram uma média de 64 quilômetros.
A Skaguay, Perrault e François trasportavano merci attraverso la città.
Em Skaguay, Perrault e François movimentaram cargas pela cidade.

Furono applauditi e ricevettero numerose bevande dalla folla ammirata.
Eles foram aplaudidos e receberam muitas bebidas da multidão admirada.
I cacciatori di cani e gli operai si sono riuniti attorno alla famosa squadra cinofila.
Caçadores de cães e trabalhadores se reuniram em torno do famoso grupo de cães.
Poi i fuorilegge del West giunsero in città e subirono una violenta sconfitta.
Então, bandidos ocidentais chegaram à cidade e foram violentamente derrotados.
La gente si dimenticò presto della squadra e si concentrò sul nuovo dramma.
As pessoas logo esqueceram o time e se concentraram em um novo drama.
Poi arrivarono i nuovi ordini che cambiarono tutto in un colpo.
Então vieram as novas ordens que mudaram tudo de uma vez.
François chiamò Buck e lo abbracciò con orgoglio e lacrime.
François chamou Buck e o abraçou com orgulho e lágrimas.
Quel momento fu l'ultima volta che Buck vide di nuovo François.
Aquele momento foi a última vez que Buck viu François novamente.
Come molti altri uomini prima di lui, sià François che Perrault se n'erano andati.
Como muitos homens antes, François e Perrault se foram.
Un meticcio scozzese si prese cura di Buck e dei suoi compagni di squadra con i cani da slitta.
Um mestiço escocês tomou conta de Buck e seus companheiros de equipe de cães de trenó.
Con una dozzina di altre mute di cani, ritornarono lungo il sentiero fino a Dawson.
Com uma dúzia de outras equipes de cães, eles retornaram pela trilha até Dawson.

Non si trattava più di una corsa veloce, ma solo di un duro lavoro con un carico pesante ogni giorno.
Não era uma corrida rápida, apenas um trabalho pesado com uma carga pesada a cada dia.
Si trattava del treno postale che portava notizie ai cercatori d'oro vicino al Polo.
Este era o trem dos correios, trazendo notícias aos caçadores de ouro perto do Polo.
Buck non amava il lavoro, ma lo sopportò bene, essendo orgoglioso del suo impegno.
Buck não gostava do trabalho, mas o suportava bem, orgulhando-se de seu esforço.
Come Dave e Solleks, Buck dimostrava dedizione in ogni compito quotidiano.
Assim como Dave e Solleks, Buck demonstrou dedicação a cada tarefa diária.
Si è assicurato che tutti i suoi compagni di squadra dessero il massimo.
Ele garantiu que cada um dos seus companheiros de equipe fizesse a sua parte.
La vita sui sentieri divenne noiosa e si ripeteva con la precisione di una macchina.
A vida na trilha tornou-se monótona, repetida com a precisão de uma máquina.
Ogni giorno era uguale, una mattina si fondeva con quella successiva.
Cada dia parecia o mesmo, uma manhã se misturando à outra.
Alla stessa ora, i cuochi si alzarono per accendere il fuoco e preparare il cibo.
Na mesma hora, os cozinheiros se levantaram para acender fogueiras e preparar comida.
Dopo colazione alcuni lasciarono l'accampamento mentre altri attaccarono i cani.
Depois do café da manhã, alguns deixaram o acampamento enquanto outros atrelaram os cães.
Raggiunsero il sentiero prima che il pallido segnale dell'alba sfiorasse il cielo.

Eles pegaram a trilha antes que o tênue sinal do amanhecer tocasse o céu.

Di notte si fermavano per accamparsi, e a ogni uomo veniva assegnato un compito.

À noite, eles paravam para acampar, cada homem com uma tarefa definida.

Alcuni montarono le tende, altri tagliarono la legna da ardere e raccolsero rami di pino.

Alguns montaram as tendas, outros cortaram lenha e coletaram galhos de pinheiro.

Acqua o ghiaccio venivano portati ai cuochi per la cena serale.

Água ou gelo eram levados de volta aos cozinheiros para a refeição da noite.

I cani vennero nutriti e per loro quello fu il momento migliore della giornata.

Os cães foram alimentados e esta foi a melhor parte do dia para eles.

Dopo aver mangiato il pesce, i cani si rilassarono e oziarono vicino al fuoco.

Depois de comerem o peixe, os cães relaxaram e descansaram perto do fogo.

Nel convoglio c'erano un centinaio di altri cani con cui socializzare.

Havia centenas de outros cães no comboio para se misturar.

Molti di quei cani erano feroci e pronti a combattere senza preavviso.

Muitos desses cães eram ferozes e rápidos para brigar sem aviso.

Ma dopo tre vittorie, Buck riuscì a domare anche i combattenti più feroci.

Mas depois de três vitórias, Buck dominou até os lutadores mais ferozes.

Ora, quando Buck ringhiò e mostrò i denti, loro si fecero da parte.

Agora, quando Buck rosnou e mostrou os dentes, eles se afastaram.

Forse la cosa più bella di tutte era che a Buck piaceva sdraiarsi vicino al fuoco tremolante.
Talvez o melhor de tudo é que Buck adorava ficar deitado perto da fogueira bruxuleante.

Si accovacciò, con le zampe posteriori ripiegate e quelle anteriori distese in avanti.
Ele se agachou com as patas traseiras dobradas e as dianteiras esticadas para a frente.

Teneva la testa sollevata e sbatteva dolcemente le palpebre verso le fiamme ardenti.
Sua cabeça estava erguida enquanto ele piscava suavemente para as chamas brilhantes.

A volte ricordava la grande casa del giudice Miller a Santa Clara.
Às vezes ele se lembrava da grande casa do juiz Miller em Santa Clara.

Pensò alla piscina di cemento, a Ysabel e al carlino di nome Toots.
Ele pensou na piscina de cimento, em Ysabel e no pug chamado Toots.

Ma più spesso si ricordava del bastone dell'uomo con il maglione rosso.
Mas, com mais frequência, ele se lembrava do porrete do homem do suéter vermelho.

Ricordava la morte di Curly e la sua feroce battaglia con Spitz.
Ele se lembrou da morte de Curly e de sua batalha feroz com Spitz.

Ricordava anche il buon cibo che aveva mangiato o che ancora sognava.
Ele também se lembrou da boa comida que havia comido ou com a qual ainda sonhava.

Buck non aveva nostalgia di casa: la valle calda era lontana e irreale.
Buck não sentia saudades de casa: o vale quente era distante e irreal.

I ricordi della California non avevano più alcun fascino su di lui.
As lembranças da Califórnia não tinham mais nenhum poder sobre ele.
Più forti della memoria erano gli istinti radicati nella sua stirpe.
Mais fortes que a memória eram os instintos arraigados em sua linhagem.
Le abitudini un tempo perdute erano tornate, ravvivate dal sentiero e dalla natura selvaggia.
Hábitos perdidos retornaram, revividos pela trilha e pela natureza.
Mentre Buck osservava la luce del fuoco, a volte questa diventava qualcos'altro.
Enquanto Buck observava a luz do fogo, ela às vezes se transformava em outra coisa.
Vide alla luce del fuoco un altro fuoco, più vecchio e più profondo di quello attuale.
Ele viu à luz do fogo outro fogo, mais antigo e mais profundo que o atual.
Accanto all'altro fuoco era accovacciato un uomo che non somigliava per niente al cuoco meticcio.
Ao lado daquela outra fogueira estava agachado um homem diferente do cozinheiro mestiço.
Questa figura aveva gambe corte, braccia lunghe e muscoli duri e contratti.
Essa figura tinha pernas curtas, braços longos e músculos duros e nodosos.
I suoi capelli erano lunghi e arruffati, e gli scendevano all'indietro a partire dagli occhi.
Seu cabelo era longo e emaranhado, caindo para trás, a partir dos olhos.
Emetteva strani suoni e fissava l'oscurità con paura.
Ele fez sons estranhos e olhou com medo para a escuridão.
Teneva bassa una mazza di pietra, stretta saldamente nella sua mano lunga e ruvida.

Ele segurava uma pedra bem baixa, firmemente agarrada em sua mão longa e áspera.

L'uomo indossava ben poco: solo una pelle carbonizzata che gli pendeva lungo la schiena.

O homem vestia pouca coisa; apenas uma pele carbonizada que pendia sobre suas costas.

Il suo corpo era ricoperto da una folta peluria sulle braccia, sul petto e sulle cosce.

Seu corpo era coberto de pelos grossos nos braços, peito e coxas.

Alcune parti del pelo erano aggrovigliate e formavano chiazze di pelo ruvido.

Algumas partes do cabelo estavam emaranhadas em pedaços de pelo áspero.

Non stava dritto, ma era piegato in avanti dai fianchi alle ginocchia.

Ele não ficou em pé, mas sim curvado para a frente, dos quadris aos joelhos.

I suoi passi erano elastici e felini, come se fosse sempre pronto a scattare.

Seus passos eram elásticos e felinos, como se estivesse sempre pronto para saltar.

C'era una forte allerta, come se vivesse nella paura costante.

Havia um estado de alerta intenso, como se ele vivesse em medo constante.

Quest'uomo anziano sembrava aspettarsi il pericolo, indipendentemente dal fatto che questo venisse visto o meno.

Este homem antigo parecia esperar perigo, quer o perigo fosse visto ou não.

A volte l'uomo peloso dormiva accanto al fuoco, con la testa tra le gambe.

Às vezes, o homem peludo dormia perto do fogo, com a cabeça entre as pernas.

Teneva i gomiti sulle ginocchia e le mani giunte sopra la testa.

Seus cotovelos estavam apoiados nos joelhos e suas mãos estavam cruzadas acima da cabeça.
Come un cane, usava le sue braccia pelose per proteggersi dalla pioggia che cadeva.
Como um cão, ele usou seus braços peludos para afastar a chuva que caía.
Oltre la luce del fuoco, Buck vide due carboni ardenti che ardevano nell'oscurità.
Além da luz do fogo, Buck viu duas brasas brilhando no escuro.
Sempre a due a due, erano gli occhi delle bestie da preda.
Sempre dois a dois, eles eram os olhos de animais predadores à espreita.
Sentì corpi che si infrangevano tra i cespugli e rumori provenienti dalla notte.
Ele ouviu corpos caindo nos arbustos e sons feitos na noite.
Sdraiato sulla riva dello Yukon, sbattendo le palpebre, Buck sognò accanto al fuoco.
Deitado na margem do Yukon, piscando, Buck sonhava perto do fogo.
Le immagini e i suoni di quel mondo selvaggio gli fecero rizzare i capelli.
As imagens e os sons daquele mundo selvagem faziam seus cabelos ficarem arrepiados.
La pelliccia gli si drizzò lungo la schiena, sulle spalle e sul collo.
Os pelos se eriçaram ao longo de suas costas, ombros e pescoço.
Gemeva piano o emetteva un ringhio basso dal profondo del petto.
Ele choramingava baixinho ou soltava um rosnado baixo, bem no fundo do peito.
Allora il cuoco meticcio urlò: "Ehi, Buck, svegliati!"
Então o cozinheiro mestiço gritou: "Ei, Buck, acorde!"
Il mondo dei sogni svanì e la vera vita tornò agli occhi di Buck.

O mundo dos sonhos desapareceu e a vida real retornou aos olhos de Buck.

Si sarebbe alzato, si sarebbe stiracchiato e avrebbe sbadigliato, come se si fosse svegliato da un pisolino.

Ele ia se levantar, se espreguiçar e bocejar, como se tivesse acordado de um cochilo.

Il viaggio era duro, con la slitta postale che li trascinava dietro.

A viagem foi difícil, com o trenó dos correios arrastando-se atrás deles.

Carichi pesanti e lavoro duro sfinivano i cani ogni lunga giornata.

Cargas pesadas e trabalho duro desgastavam os cães a cada longo dia.

Arrivarono a Dawson magro, stanco e con bisogno di più di una settimana di riposo.

Eles chegaram a Dawson magros, cansados e precisando de mais de uma semana de descanso.

Ma solo due giorni dopo ripartirono per lo Yukon.

Mas apenas dois dias depois, eles partiram novamente pelo Yukon.

Erano carichi di altre lettere dirette al mondo esterno.

Eles estavam carregados com mais cartas destinadas ao mundo exterior.

I cani erano esausti e gli uomini si lamentavano in continuazione.

Os cães estavam exaustos e os homens reclamavam constantemente.

Ogni giorno cadeva la neve, ammorbidendo il sentiero e rallentando le slitte.

A neve caía todos os dias, amolecendo a trilha e deixando os trenós mais lentos.

Ciò rendeva la trazione più dura e aumentava la resistenza delle guide.

Isso fazia com que a tração fosse mais difícil e gerasse mais arrasto nos corredores.

Nonostante ciò, i piloti si sono dimostrati leali e hanno avuto cura delle loro squadre.
Apesar disso, os pilotos foram justos e se preocuparam com suas equipes.

Ogni notte, i cani venivano nutriti prima che gli uomini mangiassero.
Todas as noites, os cães eram alimentados antes que os homens pudessem comer.

Nessun uomo dormiva prima di controllare le zampe del proprio cane.
Nenhum homem dormiu antes de verificar as patas do seu próprio cachorro.

Tuttavia, i cani diventavano sempre più deboli man mano che i chilometri consumavano i loro corpi.
Mesmo assim, os cães ficaram mais fracos à medida que os quilômetros percorridos desgastavam seus corpos.

Avevano viaggiato per milleottocento miglia durante l'inverno.
Eles viajaram mil e oitocentos quilômetros durante o inverno.

Percorrevano ogni miglio di quella distanza brutale trainando le slitte.
Eles puxaram trenós por cada quilômetro daquela distância brutal.

Anche i cani da slitta più resistenti provano tensione dopo tanti chilometri.
Até mesmo os cães de trenó mais resistentes sentem tensão depois de tantos quilômetros.

Buck tenne duro, fece sì che la sua squadra lavorasse e mantenne la disciplina.
Buck resistiu, manteve sua equipe trabalhando e manteve a disciplina.

Ma Buck era stanco, proprio come gli altri durante il lungo viaggio.
Mas Buck estava cansado, assim como os outros na longa jornada.

Billee piagnucolava e piangeva nel sonno ogni notte, senza sosta.

Billee choramingava e chorava durante o sono todas as noites, sem exceção.

Joe diventò ancora più amareggiato e Solleks rimase freddo e distante.
Joe ficou ainda mais amargo, e Solleks permaneceu frio e distante.

Ma è stato Dave a soffrire di più di tutta la squadra.
Mas foi Dave quem sofreu mais de toda a equipe.

Qualcosa dentro di lui era andato storto, anche se nessuno sapeva cosa.
Algo deu errado dentro dele, embora ninguém soubesse o quê.

Divenne più lunatico e aggredì gli altri con rabbia crescente.
Ele ficou mais mal-humorado e começou a atacar os outros com raiva cada vez maior.

Ogni notte andava dritto al suo nido, in attesa di essere nutrito.
Todas as noites ele ia direto para o ninho, esperando para ser alimentado.

Una volta a terra, Dave non si alzò più fino al mattino.
Depois que ele caiu, Dave não se levantou até de manhã.

Sulle redini, gli improvvisi strattoni o sussulti lo facevano gridare di dolore.
Nas rédeas, solavancos ou sobressaltos repentinos o faziam gritar de dor.

L'autista ha cercato di capirne la causa, ma non ha trovato ferite.
O motorista procurou a causa, mas não encontrou nenhum ferimento nele.

Tutti gli autisti cominciarono a osservare Dave e a discutere del suo caso.
Todos os motoristas começaram a observar Dave e discutir seu caso.

Parlarono durante i pasti e durante l'ultima sigaretta della giornata.
Eles conversavam durante as refeições e durante o último cigarro do dia.

Una notte tennero una riunione e portarono Dave al fuoco.
Uma noite eles fizeram uma reunião e levaram Dave até a fogueira.
Gli premevano e palpavano il corpo e lui gridava spesso.
Eles pressionaram e sondaram seu corpo, e ele gritava frequentemente.
Era evidente che qualcosa non andava, anche se non sembrava esserci nessuna frattura.
Claramente, algo estava errado, embora nenhum osso parecesse quebrado.
Quando arrivarono al Cassiar Bar, Dave stava cadendo.
Quando chegaram ao Cassiar Bar, Dave estava caindo.
Il meticcio scozzese impose uno stop e rimosse Dave dalla squadra.
O mestiço escocês deu uma parada e tirou Dave do time.
Fissò Solleks al posto di Dave, il più vicino possibile alla parte anteriore della slitta.
Ele prendeu Solleks no lugar de Dave, mais próximo da frente do trenó.
Voleva lasciare che Dave riposasse e corresse libero dietro la slitta in movimento.
Ele queria deixar Dave descansar e correr livremente atrás do trenó em movimento.
Ma nonostante la malattia, Dave odiava che gli venisse tolto il lavoro che aveva ricoperto.
Mas mesmo doente, Dave odiava ser tirado do emprego que tinha.
Ringhiò e piagnucolò quando gli strapparono le redini dal corpo.
Ele rosnou e choramingou quando as rédeas foram puxadas de seu corpo.
Quando vide Solleks al suo posto, pianse disperato.
Quando viu Solleks em seu lugar, ele chorou de dor e de coração partido.
L'orgoglio per il lavoro sui sentieri era profondo in Dave, anche quando la morte si avvicinava.

O orgulho do trabalho nas trilhas estava profundamente enraizado em Dave, mesmo quando a morte se aproximava.

Mentre la slitta si muoveva, Dave arrancava nella neve soffice vicino al sentiero.

Enquanto o trenó se movia, Dave cambaleava pela neve fofa perto da trilha.

Attaccò Solleks, mordendolo e spingendolo giù dal lato della slitta.

Ele atacou Solleks, mordendo-o e empurrando-o para longe do trenó.

Dave cercò di saltare nell'imbracatura e di riprendersi il suo posto di lavoro.

Dave tentou pular no arnês e retomar seu lugar de trabalho.

Lui guaiva, si lamentava e piangeva, diviso tra il dolore e l'orgoglio del parto.

Ele gritou, choramingou e gemeu, dividido entre a dor e o orgulho do trabalho de parto.

Il meticcio usò la frusta per cercare di allontanare Dave dalla squadra.

O mestiço usou seu chicote para tentar afastar Dave do time.

Ma Dave ignorò la frustata e l'uomo non riuscì a colpirlo più forte.

Mas Dave ignorou o chicote, e o homem não conseguiu atingi-lo com mais força.

Dave rifiutò il sentiero più facile dietro la slitta, dove la neve era compatta.

Dave recusou o caminho mais fácil atrás do trenó, onde a neve estava compactada.

Invece, si ritrovò a lottare nella neve profonda, ai lati del sentiero, in preda alla miseria.

Em vez disso, ele lutou na neve profunda ao lado da trilha, em sofrimento.

Alla fine Dave crollò, giacendo sulla neve e urlando di dolore.

Por fim, Dave desabou, ficando deitado na neve e gritando de dor.

Lanciò un grido mentre la lunga fila di slitte gli passava accanto una dopo l'altra.
Ele gritou quando o longo trem de trenós passou por ele, um por um.

Tuttavia, con le poche forze che gli rimanevano, si alzò e barcollò dietro di loro.
Mesmo assim, com as poucas forças que lhe restavam, ele se levantou e cambaleou atrás deles.

Quando il treno si fermò di nuovo, lo raggiunse e trovò la sua vecchia slitta.
Ele o alcançou quando o trem parou novamente e encontrou seu velho trenó.

Superò con difficoltà le altre squadre e tornò a posizionarsi accanto a Solleks.
Ele passou cambaleando pelos outros times e ficou ao lado de Solleks novamente.

Mentre l'autista si fermava per accendere la pipa, Dave colse l'ultima occasione.
Quando o motorista parou para acender seu cachimbo, Dave aproveitou sua última chance.

Quando l'autista tornò e urlò, la squadra non avanzò.
Quando o motorista retornou e gritou, a equipe não avançou.

I cani avevano girato la testa, confusi dall'improvviso arresto.
Os cães viraram a cabeça, confusos com a parada repentina.

Anche il conducente era sciocccato: la slitta non si era mossa di un centimetro in avanti.
O motorista também ficou chocado: o trenó não se moveu um centímetro para frente.

Chiamò gli altri perché venissero a vedere cosa era successo.
Ele chamou os outros para virem ver o que tinha acontecido.

Dave aveva masticato le redini di Solleks, spezzandole entrambe.
Dave mastigou as rédeas de Solleks, quebrando ambas.

Ora era di nuovo in piedi davanti alla slitta, nella sua giusta posizione.

Agora ele estava em frente ao trenó, de volta à sua posição correta.
Dave alzò lo sguardo verso l'autista, implorandolo silenziosamente di restare al passo.
Dave olhou para o motorista, implorando silenciosamente para que ele permanecesse na pista.
L'autista era perplesso e non sapeva cosa fare per il cane in difficoltà.
O motorista ficou confuso, sem saber o que fazer com o cachorro que estava sofrendo.
Gli altri uomini parlavano di cani morti perché li avevano portati fuori.
Os outros homens falaram de cães que morreram por terem sido levados para passear.
Raccontavano di cani vecchi o feriti il cui cuore si era spezzato quando erano stati abbandonati.
Eles contaram sobre cães velhos ou feridos cujos corações se partiram quando deixados para trás.
Concordarono che era un atto di misericordia lasciare che Dave morisse mentre era ancora imbrigliato.
Eles concordaram que seria uma misericórdia deixar Dave morrer enquanto ele ainda estava usando seu cinto.
Fu rimesso in sicurezza sulla slitta e Dave tirò con orgoglio.
Ele foi preso novamente ao trenó, e Dave puxou com orgulho.
Anche se a volte gridava, lavorava come se il dolore potesse essere ignorato.
Embora ele gritasse às vezes, ele trabalhava como se a dor pudesse ser ignorada.
Più di una volta cadde e fu trascinato prima di rialzarsi.
Mais de uma vez ele caiu e foi arrastado antes de se levantar novamente.
A un certo punto la slitta gli rotolò addosso e da quel momento in poi zoppicò.
Certa vez, o trenó passou por cima dele, e ele mancou a partir daquele momento.
Nonostante ciò, lavorò finché non raggiunse l'accampamento e poi si sdraiò accanto al fuoco.

Mesmo assim, ele trabalhou até chegar ao acampamento e então ficou deitado perto do fogo.

Al mattino Dave era troppo debole per muoversi o anche solo per stare in piedi.

Pela manhã, Dave estava fraco demais para andar ou mesmo ficar em pé.

Al momento di allacciare l'imbracatura, cercò di raggiungere il suo autista con sforzi tremanti.

Na hora de arrear, ele tentou alcançar seu motorista com esforço trêmulo.

Si sforzò di rialzarsi, barcollò e crollò sul terreno innevato.

Ele se forçou a levantar, cambaleou e caiu no chão nevado.

Utilizzando le zampe anteriori, trascinò il suo corpo verso la zona dell'imbracatura.

Usando as patas dianteiras, ele arrastou o corpo em direção à área de arreios.

Si fece avanti, centimetro dopo centimetro, verso i cani da lavoro.

Ele avançou, centímetro por centímetro, em direção aos cães de trabalho.

Le forze gli cedettero, ma continuò a muoversi nel suo ultimo disperato tentativo.

Suas forças acabaram, mas ele continuou se movendo em seu último esforço desesperado.

I suoi compagni di squadra lo videro ansimare nella neve, ancora desideroso di unirsi a loro.

Seus companheiros de equipe o viram ofegante na neve, ainda ansioso para se juntar a eles.

Lo sentirono urlare di dolore mentre si lasciavano alle spalle l'accampamento.

Eles o ouviram uivando de tristeza enquanto deixavam o acampamento para trás.

Mentre la squadra svaniva tra gli alberi, il grido di Dave risuonava dietro di loro.

Enquanto a equipe desaparecia nas árvores, o grito de Dave ecoou atrás deles.

Il treno delle slitte si fermò brevemente dopo aver attraversato un tratto di fiume ricco di boschi.
O trem de trenó parou brevemente depois de cruzar um trecho de matagal perto do rio.
Il meticcio scozzese tornò lentamente verso l'accampamento alle sue spalle.
O mestiço escocês caminhou lentamente de volta para o acampamento atrás.
Gli uomini smisero di parlare quando lo videro scendere dal treno delle slitte.
Os homens pararam de falar quando o viram sair do trem de trenó.
Poi un singolo colpo di pistola risuonò chiaro e netto attraverso il sentiero.
Então, um único tiro ecoou claro e agudo pela trilha.
L'uomo tornò rapidamente e prese il suo posto senza dire una parola.
O homem retornou rapidamente e assumiu seu lugar sem dizer uma palavra.
Le fruste schioccavano, i campanelli tintinnavano e le slitte avanzavano sulla neve.
Chicotes estalavam, sinos tilintavam e os trenós rolavam pela neve.
Ma Buck sapeva cosa era successo, come tutti gli altri cani.
Mas Buck sabia o que tinha acontecido — e todos os outros cães também.

La fatica delle redini e del sentiero
O Trabalho das Rédeas e da Trilha

Trenta giorni dopo aver lasciato Dawson, la Salt Water Mail raggiunse Skaguay.
Trinta dias depois de deixar Dawson, o Salt Water Mail chegou a Skaguay.
Buck e i suoi compagni di squadra presero il comando e arrivarono in condizioni pietose.
Buck e seus companheiros assumiram a liderança, chegando em condições lamentáveis.
Buck era sceso da 140 a 150 chili.
Buck havia caído de cento e quarenta para cento e quinze libras.
Gli altri cani, sebbene più piccoli, avevano perso ancora più peso corporeo.
Os outros cães, embora menores, perderam ainda mais peso corporal.
Pike, che una volta zoppicava fingendo, ora trascinava dietro di sé una gamba veramente ferita.
Pike, que antes era um falso manco, agora arrastava uma perna realmente machucada atrás de si.
Solleks zoppicava gravemente e Dub aveva una scapola slogata.
Solleks estava mancando muito, e Dub tinha uma escápula deslocada.
Tutti i cani del team avevano i piedi doloranti a causa delle settimane trascorse sul sentiero ghiacciato.
Todos os cães da equipe estavam com dores nas patas devido às semanas na trilha congelada.
Non avevano più slancio nei loro passi, solo un movimento lento e trascinato.
Eles não tinham mais elasticidade em seus passos, apenas um movimento lento e arrastado.
I loro piedi colpivano il sentiero con forza e ogni passo aggiungeva ulteriore sforzo al loro corpo.

Seus pés batiam forte na trilha, e cada passo acrescentava mais tensão aos seus corpos.
Non erano malati, erano solo stremati oltre ogni possibile guarigione naturale.
Eles não estavam doentes, apenas esgotados além de qualquer recuperação natural.
Non si trattava della stanchezza di una giornata faticosa, curata con una notte di riposo.
Não era cansaço de um dia duro, curado com uma noite de descanso.
Era una stanchezza accumulata lentamente attraverso mesi di sforzi estenuanti.
Era uma exaustão construída lentamente ao longo de meses de esforço extenuante.
Non era rimasta alcuna riserva di forze: avevano esaurito ogni energia a loro disposizione.
Não havia mais nenhuma força de reserva, eles já tinham esgotado tudo o que tinham.
Ogni muscolo, fibra e cellula del loro corpo era consumato e usurato.
Cada músculo, fibra e célula em seus corpos estava gasto e desgastado.
E c'era un motivo: avevano percorso duemilacinquecento miglia.
E havia uma razão: eles percorreram mais de 4.000 quilômetros.
Si erano riposati solo cinque giorni durante le ultime milleottocento miglia.
Eles descansaram apenas cinco dias durante os últimos mil e oitocentos quilômetros.
Quando giunsero a Skaguay, sembrava che riuscissero a malapena a stare in piedi.
Quando chegaram a Skaguay, eles mal conseguiam ficar de pé.
Facevano fatica a tenere le redini strette e a restare davanti alla slitta.

Eles lutaram para manter as rédeas firmes e ficar à frente do trenó.

Nei pendii in discesa riuscivano solo a evitare di essere investiti.
Nas descidas, eles só conseguiram evitar serem atropelados.

"Continuate a marciare, poveri piedi doloranti", disse l'autista mentre zoppicavano.
"Marchem, pobres pés doloridos", disse o motorista enquanto eles mancavam.

"Questo è l'ultimo tratto, poi ci prenderemo tutti un lungo riposo, di sicuro."
"Este é o último trecho, depois todos nós teremos um longo descanso, com certeza."

"Un riposo davvero lungo", promise, guardandoli barcollare in avanti.
"Um descanso realmente longo", ele prometeu, observando-os cambalear para a frente.

Gli autisti si aspettavano una lunga e necessaria pausa.
Os pilotos esperavam que agora teriam uma longa e necessária pausa.

Avevano percorso milleduecento miglia con solo due giorni di riposo.
Eles viajaram mil e duzentos quilômetros com apenas dois dias de descanso.

Per correttezza e ragione, ritenevano di essersi guadagnati un po' di tempo per rilassarsi.
Por justiça e razão, eles sentiram que ganharam tempo para relaxar.

Ma troppi erano giunti nel Klondike e troppo pochi erano rimasti a casa.
Mas muitos foram ao Klondike e poucos ficaram em casa.

Le lettere delle famiglie continuavano ad arrivare, creando pile di posta in ritardo.
Cartas de famílias chegavam em massa, criando pilhas de correspondências atrasadas.

Arrivarono gli ordini ufficiali: i nuovi cani della Hudson Bay avrebbero preso il sopravvento.

Ordens oficiais chegaram: novos cães da Baía de Hudson iriam assumir o controle.

I cani esausti, ormai considerati inutili, dovevano essere eliminati.

Os cães exaustos, agora considerados inúteis, deveriam ser descartados.

Poiché i soldi erano più importanti dei cani, venivano venduti a basso prezzo.

Como o dinheiro importava mais que os cães, eles seriam vendidos por um preço baixo.

Passarono altri tre giorni prima che i cani si accorgessero di quanto fossero deboli.

Mais três dias se passaram antes que os cães percebessem o quão fracos estavam.

La quarta mattina, due uomini provenienti dagli Stati Uniti acquistarono l'intera squadra.

Na quarta manhã, dois homens dos Estados Unidos compraram o time inteiro.

La vendita comprendeva tutti i cani e le loro imbracature usate.

A venda incluiu todos os cães, além de seus arreios usados.

Mentre concludevano l'affare, gli uomini si chiamavano tra loro "Hal" e "Charles".

Os homens se chamavam de "Hal" e "Charles" enquanto concluíam o negócio.

Charles era un uomo di mezza età, pallido, con labbra molli e folti baffi.

Charles era um homem de meia-idade, pálido, com lábios flácidos e pontas de bigode bem marcadas.

Hal era un giovane, forse diciannove anni, che indossava una cintura imbottita di cartucce.

Hal era um rapaz, talvez dezenove anos, que usava um cinto cheio de cartuchos.

Nella cintura erano contenuti un grosso revolver e un coltello da caccia, entrambi inutilizzati.

O cinto continha um grande revólver e uma faca de caça, ambos sem uso.

Dimostrava quanto fosse inesperto e inadatto alla vita nel Nord.
Isso mostrou o quão inexperiente e inadequado ele era para a vida no norte.

Nessuno dei due uomini viveva in natura; la loro presenza sfidava ogni ragionevolezza.
Nenhum dos dois homens pertencia à natureza; suas presenças desafiavam toda a razão.

Buck osservava lo scambio di denaro tra l'acquirente e l'agente.
Buck observou o dinheiro sendo trocado entre o comprador e o agente.

Sapeva che i conducenti dei treni postali stavano abbandonando la sua vita come tutti gli altri.
Ele sabia que os maquinistas do trem postal estavam abandonando sua vida, assim como os demais.

Seguirono Perrault e François, ormai scomparsi.
Eles seguiram Perrault e François, agora desaparecidos e irrecuperáveis.

Buck e la squadra vennero condotti al disordinato accampamento dei loro nuovi proprietari.
Buck e a equipe foram levados ao acampamento desleixado de seus novos donos.

La tenda cedeva, i piatti erano sporchi e tutto era in disordine.
A barraca estava afundada, os pratos estavam sujos e tudo estava em desordem.

Anche Buck notò una donna lì: Mercedes, moglie di Charles e sorella di Hal.
Buck também notou uma mulher ali — Mercedes, esposa de Charles e irmã de Hal.

Formavano una famiglia completa, anche se erano tutt'altro che adatti al sentiero.
Eles formavam uma família completa, embora nada adequados à trilha.

Buck osservava nervosamente mentre il trio iniziava a impacchettare le provviste.

Buck observou nervosamente o trio começar a embalar os suprimentos.

Lavoravano duro ma senza ordine, solo confusione e sforzi sprecati.

Eles trabalharam duro, mas sem ordem — apenas confusão e esforço desperdiçado.

La tenda era arrotolata fino a formare una sagoma ingombrante, decisamente troppo grande per la slitta.

A barraca foi enrolada em um formato volumoso, grande demais para o trenó.

I piatti sporchi venivano imballati senza essere stati né lavati né asciugati.

Pratos sujos foram embalados sem serem limpos ou secos.

Mercedes svolazzava in giro, parlando, correggendo e intromettendosi in continuazione.

Mercedes andava por aí, falando, corrigindo e se intrometendo constantemente.

Quando le misero un sacco davanti, lei insistette perché lo mettesse dietro.

Quando um saco era colocado na frente, ela insistia que ele fosse colocado atrás.

Mise il sacco in fondo e un attimo dopo ne ebbe bisogno.

Ela colocou o saco no fundo e no momento seguinte ela precisou dele.

Quindi la slitta venne disimballata di nuovo per raggiungere quella specifica borsa.

Então o trenó foi desempacotado novamente para chegar àquela bolsa específica.

Lì vicino, tre uomini stavano fuori da una tenda e osservavano la scena che si svolgeva.

Perto dali, três homens estavam do lado de fora de uma barraca, observando a cena se desenrolar.

Sorrisero, ammiccarono e sogghignarono di fronte all'evidente confusione dei nuovi arrivati.

Eles sorriram, piscaram e riram da confusão óbvia dos recém-chegados.

"Hai già un carico parecchio pesante", disse uno degli uomini.

"Você já tem uma carga bem pesada", disse um dos homens.

"Non credo che dovresti portare quella tenda, ma la scelta è tua."

"Não acho que você deva carregar essa barraca, mas a escolha é sua."

"Impensabile!" esclamò Mercedes, alzando le mani in segno di disperazione.

"Inimaginável!" gritou Mercedes, erguendo as mãos em desespero.

"Come potrei viaggiare senza una tenda sotto cui dormire?"

"Como eu poderia viajar sem uma barraca para ficar?"

«È primavera, non vedrai più il freddo», rispose l'uomo.

"É primavera — você não verá mais frio", respondeu o homem.

Ma lei scosse la testa e loro continuarono ad accumulare oggetti sulla slitta.

Mas ela balançou a cabeça, e eles continuaram empilhando itens no trenó.

Il carico era pericolosamente alto mentre aggiungevano gli ultimi oggetti.

A carga subiu perigosamente enquanto eles adicionavam as coisas finais.

"Pensi che la slitta andrà avanti?" chiese uno degli uomini con aria scettica.

"Você acha que o trenó vai andar?" perguntou um dos homens com um olhar cético.

"E perché non dovrebbe?" ribatté Charles con netto fastidio.

"Por que não?", Charles retrucou com grande irritação.

"Oh, va bene", disse rapidamente l'uomo, evitando di offendersi.

"Ah, está tudo bem", disse o homem rapidamente, afastando-se da ofensa.

"Mi chiedevo solo: mi sembrava un po' troppo pesante nella parte superiore."

"Eu só estava pensando — pareceu um pouco pesado demais para mim."
Charles si voltò e legò il carico meglio che poté.
Charles se virou e amarrou a carga da melhor maneira que pôde.
Ma le legature erano allentate e l'imballaggio nel complesso era fatto male.
Mas as amarrações estavam frouxas e a embalagem, no geral, estava mal feita.
"Certo, i cani tireranno così tutto il giorno", disse sarcasticamente un altro uomo.
"Claro, os cães vão fazer isso o dia todo", disse outro homem sarcasticamente.
«Certamente», rispose Hal freddamente, afferrando il lungo timone della slitta.
"Claro", respondeu Hal friamente, agarrando o longo mastro do trenó.
Tenendo una mano sul palo, faceva roteare la frusta nell'altra.
Com uma mão no mastro, ele balançava o chicote na outra.
"Andiamo!" urlò. "Muovetevi!", incitando i cani a partire.
"Vamos!", gritou ele. "Andem logo!", incitando os cães a se mexerem.
I cani si appoggiarono all'imbracatura e si sforzarono per qualche istante.
Os cães se inclinaram no arreio e se esforçaram por alguns momentos.
Poi si fermarono, incapaci di spostare di un centimetro la slitta sovraccarica.
Então eles pararam, incapazes de mover o trenó sobrecarregado um centímetro sequer.
"Quei fannulloni!" urlò Hal, alzando la frusta per colpirli.
"Que brutos preguiçosos!" Hal gritou, levantando o chicote para atacá-los.
Ma Mercedes si precipitò dentro e strappò la frusta dalle mani di Hal.
Mas Mercedes correu e pegou o chicote das mãos de Hal.

«Oh, Hal, non osare far loro del male», gridò allarmata.
"Oh, Hal, não ouse machucá-los", ela gritou alarmada.
"Promettimi che sarai gentile con loro, altrimenti non farò un altro passo."
"Prometa-me que será gentil com eles, ou não darei mais nenhum passo."
"Non sai niente di cani", scattò Hal contro la sorella.
"Você não sabe nada sobre cachorros", Hal retrucou para sua irmã.
"Sono pigri e l'unico modo per smuoverli è frustarli."
"Eles são preguiçosos, e a única maneira de movê-los é chicoteá-los."
"Chiedi a chiunque, chiedi a uno di quegli uomini laggiù se dubiti di me."
"Pergunte a qualquer um — pergunte a um daqueles homens ali se você duvida de mim."
Mercedes guardò gli astanti con occhi imploranti e pieni di lacrime.
Mercedes olhou para os espectadores com olhos suplicantes e lacrimejantes.
Il suo viso rivelava quanto odiasse la vista di qualsiasi dolore.
Seu rosto mostrava o quanto ela odiava a visão de qualquer dor.
"Sono deboli, tutto qui", ha detto un uomo. "Sono sfiniti."
"Eles estão fracos, só isso", disse um homem. "Estão exaustos."
"Hanno bisogno di riposare: hanno lavorato troppo a lungo senza una pausa."
"Eles precisam de descanso, pois trabalharam muito tempo sem fazer uma pausa."
«Che il resto sia maledetto», borbottò Hal arricciando il labbro.
"Que o resto seja amaldiçoado", Hal murmurou com o lábio curvado.
Mercedes sussultò, visibilmente addolorata per le parole volgari pronunciate da lui.

Mercedes engasgou, claramente magoada com a palavra grosseira dele.

Ciononostante, lei rimase leale e difese immediatamente il fratello.

Mesmo assim, ela permaneceu leal e defendeu seu irmão instantaneamente.

"Non badare a quell'uomo", disse ad Hal. "Sono i nostri cani."

"Não ligue para aquele homem", disse ela a Hal. "Eles são nossos cachorros."

"Li guidi come meglio credi: fai ciò che ritieni giusto."

"Você os dirige como achar melhor — faça o que achar certo."

Hal sollevò la frusta e colpì di nuovo i cani senza pietà.

Hal levantou o chicote e golpeou os cães novamente sem piedade.

Si lanciarono in avanti, con i corpi bassi e i piedi che affondavano nella neve.

Eles avançaram, com os corpos abaixados e os pés fincados na neve.

Tutta la loro forza era concentrata nel traino, ma la slitta non si muoveva.

Toda a força deles foi direcionada para puxar, mas o trenó não se movia.

La slitta rimase bloccata, come un'ancora congelata nella neve compatta.

O trenó ficou preso, como uma âncora congelada na neve compactada.

Dopo un secondo tentativo, i cani si fermarono di nuovo, ansimando forte.

Após uma segunda tentativa, os cães pararam novamente, ofegando intensamente.

Hal sollevò di nuovo la frusta, proprio mentre Mercedes interferiva di nuovo.

Hal levantou o chicote mais uma vez, no momento em que Mercedes interferiu novamente.

Si lasciò cadere in ginocchio davanti a Buck e gli abbracciò il collo.

Ela caiu de joelhos na frente de Buck e abraçou seu pescoço.
Le lacrime le riempivano gli occhi mentre implorava il cane esausto.
Lágrimas encheram seus olhos enquanto ela implorava ao cachorro exausto.
"Poveri cari", disse, "perché non tirate più forte?"
"Coitados", ela disse, "por que vocês não puxam com mais força?"
"Se tiri, non verrai frustato così."
"Se você puxar, não será chicoteado desse jeito."
A Buck non piaceva Mercedes, ma ormai era troppo stanco per resisterle.
Buck não gostava de Mercedes, mas estava cansado demais para resistir a ela agora.
Lui accettò le sue lacrime come se fossero solo un'altra parte di quella giornata miserabile.
Ele aceitou as lágrimas dela como apenas mais uma parte daquele dia miserável.
Uno degli uomini che osservavano, dopo aver represso la rabbia, finalmente parlò.
Um dos homens que assistiam finalmente falou depois de conter sua raiva.
"Non mi interessa cosa succede a voi, ma quei cani sono importanti."
"Não me importa o que aconteça com vocês, mas esses cães são importantes."
"Se vuoi aiutare, stacca quella slitta: è ghiacciata e innevata."
"Se você quiser ajudar, solte esse trenó, ele está congelado na neve."
"Spingi con forza il palo della luce, a destra e a sinistra, e rompi il sigillo di ghiaccio."
"Empurre o mastro com força, para a direita e para a esquerda, e quebre a camada de gelo."
Fu fatto un terzo tentativo, questa volta seguendo il suggerimento dell'uomo.
Uma terceira tentativa foi feita, desta vez seguindo a sugestão do homem.

Hal fece oscillare la slitta da una parte all'altra, facendo staccare i pattini.
Hal balançou o trenó de um lado para o outro, soltando os patins.
La slitta, benché sovraccarica e scomoda, alla fine sobbalzò in avanti.
O trenó, embora sobrecarregado e desajeitado, finalmente deu um solavanco para a frente.
Buck e gli altri tirarono selvaggiamente, spinti da una tempesta di frustate.
Buck e os outros puxavam descontroladamente, impulsionados por uma tempestade de chicotadas.
Un centinaio di metri più avanti, il sentiero curvava e scendeva in pendenza verso la strada.
Cem metros à frente, a trilha fazia uma curva e descia até a rua.
Ci sarebbe voluto un guidatore esperto per tenere la slitta in posizione verticale.
Seria necessário um motorista habilidoso para manter o trenó na posição vertical.
Hal non era abile e la slitta si ribaltò mentre svoltava.
Hal não era habilidoso, e o trenó tombou ao fazer a curva.
Le cinghie allentate cedettero e metà del carico si rovesciò sulla neve.
As amarras frouxas cederam e metade da carga caiu na neve.
I cani non si fermarono; la slitta più leggera continuò a procedere su un fianco.
Os cães não pararam; o trenó mais leve voou de lado.
I cani, furiosi per i maltrattamenti e per il peso del carico, corsero più veloci.
Irritados com os abusos e o fardo pesado, os cães correram mais rápido.
Buck, infuriato, si lanciò a correre, seguito dalla squadra.
Buck, furioso, começou a correr, com a equipe seguindo atrás.
Hal urlò "Whoa! Whoa!" ma la squadra non gli prestò attenzione.
Hal gritou "Uau! Uau!", mas a equipe não lhe deu atenção.

Inciampò, cadde e fu trascinato a terra dall'imbracatura.
Ele tropeçou, caiu e foi arrastado pelo chão pelo arnês.
La slitta rovesciata lo travolse mentre i cani continuavano a correre avanti.
O trenó virado passou por cima dele enquanto os cães corriam na frente.
Il resto delle provviste è sparso lungo la trafficata strada di Skaguay.
O restante dos suprimentos foi espalhado pela movimentada rua de Skaguay.
Le persone di buon cuore si precipitarono a fermare i cani e a raccogliere l'attrezzatura.
Pessoas bondosas correram para parar os cães e recolher os equipamentos.
Diedero anche consigli schietti e pratici ai nuovi viaggiatori.
Eles também deram conselhos diretos e práticos aos novos viajantes.
"Se vuoi raggiungere Dawson, prendi metà del carico e raddoppia i cani."
"Se você quiser chegar a Dawson, leve metade da carga e o dobro dos cães."
Hal, Charles e Mercedes ascoltarono, anche se non con entusiasmo.
Hal, Charles e Mercedes ouviram, embora não com entusiasmo.
Montarono la tenda e cominciarono a sistemare le loro provviste.
Eles montaram suas barracas e começaram a separar seus suprimentos.
Ne uscirono dei cibi in scatola, che fecero ridere a crepapelle gli astanti.
Saíram alimentos enlatados, o que fez os espectadores rirem alto.
"Roba in scatola sul sentiero? Morirai di fame prima che si sciolga", disse uno.
"Enlatados na trilha? Você vai morrer de fome antes que derreta", disse um deles.

"Coperte d'albergo? Meglio buttarle via tutte."
"Cobertores de hotel? É melhor jogar tudo fora."
"Togli anche la tenda e qui nessuno laverà più i piatti."
"Tirem a barraca também, e ninguém lava louça aqui."
"Pensi di viaggiare su un treno Pullman con dei servitori a bordo?"
"Você acha que está viajando em um trem Pullman com empregados a bordo?"
Il processo ebbe inizio: ogni oggetto inutile venne gettato da parte.
O processo começou: todos os itens inúteis foram jogados de lado.
Mercedes pianse quando le sue borse furono svuotate sul terreno innevato.
Mercedes chorou quando suas malas foram esvaziadas no chão coberto de neve.
Singhiozzava per ogni oggetto buttato via, uno per uno, senza sosta.
Ela soluçava por cada item jogado fora, um por um, sem parar.
Giurò di non fare un altro passo, nemmeno per dieci Charles.
Ela jurou não dar mais um passo — nem mesmo por dez Charleses.
Pregò ogni persona vicina di lasciarle conservare le sue cose preziose.
Ela implorou a cada pessoa próxima que a deixasse ficar com suas coisas preciosas.
Alla fine si asciugò gli occhi e cominciò a gettare via anche i vestiti più importanti.
Por fim, ela enxugou os olhos e começou a jogar fora até as roupas vitais.
Una volta terminato il suo, cominciò a svuotare le scorte degli uomini.
Quando terminou de lavar as suas roupas, ela começou a esvaziar os suprimentos dos homens.

Come un turbine, fece a pezzi gli effetti personali di Charles e Hal.
Como um redemoinho, ela destruiu os pertences de Charles e Hal.
Sebbene il carico fosse dimezzato, era comunque molto più pesante del necessario.
Embora a carga tenha sido reduzida pela metade, ela ainda era muito mais pesada do que o necessário.
Quella notte, Charles e Hal uscirono e comprarono sei nuovi cani.
Naquela noite, Charles e Hal saíram e compraram seis novos cães.
Questi nuovi cani si unirono ai sei originali, più Teek e Koona.
Esses novos cães se juntaram aos seis originais, além de Teek e Koona.
Insieme formarono una squadra di quattordici cani attaccati alla slitta.
Juntos, eles formaram uma equipe de quatorze cães atrelados ao trenó.
Ma i nuovi cani erano inadatti e poco addestrati per il lavoro con la slitta.
Mas os novos cães eram inadequados e mal treinados para o trabalho de trenó.
Tre dei cani erano cani da caccia a pelo corto, mentre uno era un Terranova.
Três dos cães eram pointers de pelo curto, e um era um Terra-Nova.
Gli ultimi due cani erano meticci senza alcuna razza o scopo ben definito.
Os dois últimos cães eram vira-latas, sem raça ou propósito claro.
Non capivano il percorso e non lo imparavano in fretta.
Eles não entendiam a trilha e não a aprenderam rapidamente.
Buck e i suoi compagni li osservavano con disprezzo e profonda irritazione.

Buck e seus companheiros os observavam com desprezo e profunda irritação.

Sebbene Buck insegnasse loro cosa non fare, non poteva insegnare loro il dovere.

Embora Buck lhes tenha ensinado o que não fazer, ele não conseguiu ensinar o que é dever.

Non amavano la vita sui sentieri né la trazione delle redini e delle slitte.

Eles não se adaptaram bem à vida nas trilhas nem à tração de rédeas e trenós.

Soltanto i bastardi cercarono di adattarsi, e anche a loro mancava lo spirito combattivo.

Somente os vira-latas tentaram se adaptar, e mesmo eles não tinham espírito de luta.

Gli altri cani erano confusi, indeboliti e distrutti dalla loro nuova vita.

Os outros cães estavam confusos, enfraquecidos e destruídos pela nova vida.

Con i nuovi cani all'oscuro e i vecchi esausti, la speranza era flebile.

Com os novos cães sem noção e os antigos exaustos, a esperança era tênue.

La squadra di Buck aveva percorso duemilacinquecento miglia di sentiero accidentato.

A equipe de Buck percorreu mais de 4.000 quilômetros de trilhas acidentadas.

Ciononostante, i due uomini erano allegri e orgogliosi della loro grande squadra di cani.

Ainda assim, os dois homens estavam alegres e orgulhosos de sua grande equipe de cães.

Pensavano di viaggiare con stile, con quattordici cani al seguito.

Eles achavam que estavam viajando com estilo, com quatorze cachorros atrelados.

Avevano visto delle slitte partire per Dawson e altre arrivarne.

Eles viram trenós partindo para Dawson e outros chegando de lá.

Ma non ne avevano mai vista una trainata da ben quattordici cani.

Mas nunca tinham visto um puxado por mais de quatorze cães.

C'era un motivo per cui squadre del genere erano rare nelle terre selvagge dell'Artico.

Havia uma razão pela qual essas equipes eram raras na natureza selvagem do Ártico.

Nessuna slitta poteva trasportare cibo sufficiente a sfamare quattordici cani per l'intero viaggio.

Nenhum trenó conseguia transportar comida suficiente para alimentar quatorze cães durante a viagem.

Ma Charles e Hal non lo sapevano: avevano fatto i calcoli.

Mas Charles e Hal não sabiam disso — eles tinham feito as contas.

Hanno pianificato la razione di cibo: una certa quantità per cane, per un certo numero di giorni, fatta.

Eles planejaram a comida: uma quantidade por cão, para muitos dias, e pronto.

Mercedes guardò i numeri e annuì come se avessero senso.

Mercedes olhou para as figuras e assentiu como se fizesse sentido.

Tutto le sembrava molto semplice, almeno sulla carta.

Tudo parecia muito simples para ela, pelo menos no papel.

La mattina seguente, Buck guidò lentamente la squadra lungo la strada innevata.

Na manhã seguinte, Buck liderou a equipe lentamente pela rua coberta de neve.

Non c'era né energia né spirito in lui e nei cani dietro di lui.

Não havia energia nem ânimo nele nem nos cães atrás dele.

Erano stanchi morti fin dall'inizio: non avevano più riserve.

Eles estavam mortos de cansaço desde o início: não havia mais nenhuma reserva.

Buck aveva già fatto quattro viaggi tra Salt Water e Dawson.

Buck já havia feito quatro viagens entre Salt Water e Dawson.

Ora, di fronte alla stessa pista, non provava altro che amarezza.

Agora, diante da mesma trilha novamente, ele não sentia nada além de amargura.

Il suo cuore non c'era, e nemmeno quello degli altri cani.

O coração dele não estava nisso, nem o dos outros cães.

I nuovi cani erano timidi e gli husky non si fidavano per niente.

Os novos cães eram tímidos, e os huskies não demonstravam nenhuma confiança.

Buck capì che non poteva fare affidamento su quei due uomini o sulla loro sorella.

Buck sentiu que não podia confiar nesses dois homens ou na irmã deles.

Non sapevano nulla e non mostravano alcun segno di apprendimento lungo il percorso.

Eles não sabiam de nada e não mostraram sinais de aprendizado na trilha.

Erano disorganizzati e privi di qualsiasi senso di disciplina.

Eles eram desorganizados e não tinham nenhum senso de disciplina.

Ogni volta impiegavano metà della notte per allestire un accampamento malmesso.

Eles levavam metade da noite para montar um acampamento desleixado em cada uma delas.

E metà della mattina successiva la trascorsero di nuovo armeggiando con la slitta.

E eles passaram metade da manhã seguinte mexendo no trenó novamente.

Spesso a mezzogiorno si fermavano solo per sistemare il carico irregolare.

Ao meio-dia, eles geralmente paravam apenas para consertar a carga irregular.

In alcuni giorni percorsero meno di dieci miglia in totale.

Em alguns dias, eles viajaram menos de dezesseis quilômetros no total.

Altri giorni non riuscivano proprio ad abbandonare l'accampamento.
Em outros dias, eles não conseguiam sair do acampamento.
Non sono mai riusciti a coprire la distanza alimentare prevista.
Eles nunca chegaram perto de cobrir a distância planejada para levar comida.
Come previsto, il cibo per i cani finì molto presto.
Como esperado, eles ficaram sem comida para os cães muito rapidamente.
Nei primi tempi hanno peggiorato ulteriormente la situazione con l'eccesso di cibo.
Eles pioraram a situação ao superalimentar nos primeiros dias.
Ciò rendeva la carestia sempre più vicina, con ogni razione disattenta.
Isso fazia com que a fome se aproximasse a cada ração descuidada.
I nuovi cani non avevano ancora imparato a sopravvivere con molto poco.
Os novos cães não aprenderam a sobreviver com muito pouco.
Mangiarono avidamente, con un appetito troppo grande per il sentiero.
Eles comeram com fome, com apetites grandes demais para a trilha.
Vedendo i cani indebolirsi, Hal pensò che il cibo non fosse sufficiente.
Vendo os cães enfraquecerem, Hal acreditou que a comida não era suficiente.
Raddoppiò le razioni, peggiorando ulteriormente l'errore.
Ele dobrou as rações, piorando ainda mais o erro.
Mercedes aggravò il problema con le sue lacrime e le sue suppliche sommesse.
Mercedes agravou o problema com lágrimas e súplicas suaves.
Quando non riuscì a convincere Hal, diede da mangiare ai cani di nascosto.
Quando ela não conseguiu convencer Hal, ela alimentou os cães em segredo.

Rubò il pesce dai sacchi e glielo diede alle spalle.
Ela roubou alguns sacos de peixe e deu para eles pelas costas dele.
Ma ciò di cui i cani avevano veramente bisogno non era altro cibo: era riposo.
Mas o que os cães realmente precisavam não era de mais comida, era de descanso.
Nonostante la loro scarsa velocità, la pesante slitta continuava a procedere.
Eles estavam avançando muito rápido, mas o pesado trenó ainda se arrastava.
Quel peso da solo esauriva ogni giorno le loro forze rimanenti.
Esse peso por si só drenava as forças que restavam a cada dia.
Poi arrivò la fase della sottoalimentazione, quando le scorte scarseggiavano.
Depois veio a fase da subalimentação, pois os suprimentos estavam acabando.
Una mattina Hal si accorse che metà del cibo per cani era già finito.
Hal percebeu uma manhã que metade da comida do cachorro já tinha acabado.
Avevano percorso solo un quarto della distanza totale del sentiero.
Eles percorreram apenas um quarto da distância total da trilha.
Non si poteva più comprare cibo, a qualunque prezzo.
Não era mais possível comprar comida, não importava o preço oferecido.
Ridusse le porzioni dei cani al di sotto della razione giornaliera standard.
Ele reduziu as porções dos cães abaixo da ração diária padrão.
Allo stesso tempo, chiese di viaggiare più a lungo per compensare la perdita.
Ao mesmo tempo, ele exigiu viagens mais longas para compensar a perda.

Mercedes e Charles appoggiarono questo piano, ma fallirono nella sua realizzazione.
Mercedes e Charles apoiaram o plano, mas falharam na execução.
La loro pesante slitta e la mancanza di abilità rendevano il progresso quasi impossibile.
O trenó pesado e a falta de habilidade tornavam o progresso quase impossível.
Era facile dare meno cibo, ma impossibile forzare uno sforzo maggiore.
Era fácil dar menos comida, mas impossível forçar mais esforço.
Non potevano partire prima, né viaggiare per ore extra.
Eles não podiam começar cedo, nem viajar por horas extras.
Non sapevano come gestire i cani, e nemmeno loro stessi, a dire il vero.
Eles não sabiam como lidar com os cães, nem com eles mesmos.
Il primo cane a morire fu Dub, lo sfortunato ma laborioso ladro.
O primeiro cachorro a morrer foi Dub, o ladrão azarado, mas trabalhador.
Sebbene spesso punito, Dub aveva fatto la sua parte senza lamentarsi.
Embora frequentemente punido, Dub fez sua parte sem reclamar.
La sua spalla ferita peggiorò se non ricevette cure adeguate e non ebbe bisogno di riposo.
Seu ombro machucado piorou sem cuidados ou necessidade de descanso.
Alla fine, Hal usò la pistola per porre fine alle sofferenze di Dub.
Por fim, Hal usou o revólver para acabar com o sofrimento de Dub.
Un detto comune afferma che i cani normali muoiono se vengono nutriti con razioni di husky.

Um ditado comum afirma que cães normais morrem com rações de huskies.
I sei nuovi compagni di Buck avevano ricevuto solo metà della quota di cibo riservata all'husky.
Os seis novos companheiros de Buck tinham apenas metade da comida do husky.
Il Terranova morì per primo, seguito dai tre cani da caccia a pelo corto.
O Terra Nova morreu primeiro, depois os três pointers de pelo curto.
I due bastardi resistettero più a lungo ma alla fine morirono come gli altri.
Os dois vira-latas resistiram mais, mas finalmente pereceram como os demais.
Ormai tutti i comfort e la gentilezza del Southland erano scomparsi.
Nessa época, todas as comodidades e gentilezas do Southland já tinham desaparecido.
Le tre persone avevano perso le ultime tracce della loro educazione civile.
As três pessoas haviam se livrado dos últimos vestígios de sua educação civilizada.
Spogliato di glamour e romanticismo, il viaggio nell'Artico è diventato brutalmente reale.
Desprovida de glamour e romance, a viagem ao Ártico se tornou brutalmente real.
Era una realtà troppo dura per il loro senso di virilità e femminilità.
Era uma realidade dura demais para seu senso de masculinidade e feminilidade.
Mercedes non piangeva più per i cani, ma piangeva solo per se stessa.
Mercedes não chorava mais pelos cachorros, mas agora chorava apenas por si mesma.
Trascorreva il tempo piangendo e litigando con Hal e Charles.
Ela passou o tempo chorando e brigando com Hal e Charles.

Litigare era l'unica cosa per cui non si stancavano mai.
Brigar era a única coisa que eles nunca estavam cansados de fazer.
La loro irritabilità derivava dalla miseria, cresceva con essa e la superava.
A irritabilidade deles vinha da miséria, crescia com ela e a superava.
La pazienza del cammino, nota a coloro che faticano e soffrono con generosità, non è mai arrivata.
A paciência da trilha, conhecida por aqueles que trabalham e sofrem gentilmente, nunca chegou.
Quella pazienza che rende dolce la parola nonostante il dolore, era a loro sconosciuta.
Aquela paciência, que mantém a fala doce em meio à dor, era desconhecida para eles.
Non avevano alcun briciolo di pazienza, nessuna forza derivante dalla sofferenza con grazia.
Eles não tinham nenhum pingo de paciência, nenhuma força extraída do sofrimento com graça.
Erano irrigiditi dal dolore: dolori nei muscoli, nelle ossa e nel cuore.
Eles estavam rígidos de dor — dores nos músculos, ossos e corações.
Per questo motivo, divennero taglienti nella lingua e pronti a pronunciare parole dure.
Por isso, eles se tornaram afiados na língua e rápidos nas palavras duras.
Ogni giorno iniziava e finiva con voci arrabbiate e lamentele amare.
Cada dia começava e terminava com vozes raivosas e reclamações amargas.
Charles e Hal litigavano ogni volta che Mercedes ne dava loro l'occasione.
Charles e Hal brigavam sempre que Mercedes lhes dava uma chance.
Ogni uomo credeva di aver fatto più del dovuto.

Cada homem acreditava que fazia mais do que sua parte do trabalho.
Nessuno dei due ha mai perso l'occasione di dirlo, ancora e ancora.
Nenhum dos dois perdeu a oportunidade de dizer isso, repetidas vezes.
A volte Mercedes si schierava con Charles, a volte con Hal.
Às vezes Mercedes ficava do lado de Charles, às vezes do lado de Hal.
Ciò portò a una grande e infinita lite tra i tre.
Isso levou a uma grande e interminável discussão entre os três.
La disputa su chi dovesse tagliare la legna da ardere divenne incontrollabile.
Uma disputa sobre quem deveria cortar lenha saiu do controle.
Ben presto vennero nominati padri, madri, cugini e parenti defunti.
Logo, pais, mães, primos e parentes mortos foram nomeados.
Le opinioni di Hal sull'arte o sulle opere teatrali di suo zio divennero parte della lotta.
As opiniões de Hal sobre arte ou as peças de seu tio se tornaram parte da briga.
Anche le convinzioni politiche di Carlo entrarono nel dibattito.
As convicções políticas de Charles também entraram no debate.
Per Mercedes, perfino i pettegolezzi della sorella del marito sembravano rilevanti.
Para Mercedes, até as fofocas da irmã do marido pareciam relevantes.
Espresse la sua opinione su questo e su molti dei difetti della famiglia di Charles.
Ela expressou opiniões sobre isso e sobre muitas das falhas da família de Charles.
Mentre discutevano, il fuoco rimase spento e l'accampamento mezzo allestito.

Enquanto eles discutiam, o fogo permaneceu apagado e o acampamento estava meio armado.
Nel frattempo i cani erano rimasti infreddoliti e senza cibo.
Enquanto isso, os cães continuaram com frio e sem comida.
Mercedes nutriva un risentimento che considerava profondamente personale.
Mercedes tinha uma queixa que considerava profundamente pessoal.
Si sentiva maltrattata in quanto donna e le venivano negati i suoi gentili privilegi.
Ela se sentiu maltratada como mulher e teve seus privilégios de gentil negados.
Era carina e gentile, e per tutta la vita era stata abituata alla cavalleria.
Ela era bonita e gentil, e acostumada ao cavalheirismo durante toda a vida.
Ma suo marito e suo fratello ora la trattavano con impazienza.
Mas seu marido e seu irmão agora a tratavam com impaciência.
Aveva l'abitudine di comportarsi in modo impotente e loro cominciarono a lamentarsi.
O hábito dela era agir de forma desamparada, e eles começaram a reclamar.
Offesa da ciò, rese loro la vita ancora più difficile.
Ofendida com isso, ela tornou a vida deles ainda mais difícil.
Ignorò i cani e insistette per guidare lei stessa la slitta.
Ela ignorou os cães e insistiu em andar de trenó sozinha.
Sebbene sembrasse esile, pesava centoventi libbre (circa quaranta chili).
Embora de aparência leve, ela pesava 60 quilos.
Quel peso aggiuntivo era troppo per i cani affamati e deboli.
Esse fardo adicional era demais para os cães famintos e fracos.
Nonostante ciò, continuò a cavalcare per giorni, finché i cani non crollarono nelle redini.
Mesmo assim, ela cavalgou por dias, até que os cães desabaram nas rédeas.

La slitta si fermò e Charles e Hal la implorarono di proseguire a piedi.
O trenó parou, e Charles e Hal imploraram para que ela andasse.
Loro la implorarono e la scongiurarono, ma lei pianse e li definì crudeli.
Eles imploraram e suplicaram, mas ela chorou e os chamou de cruéis.
In un'occasione, la tirarono giù dalla slitta con pura forza e rabbia.
Em uma ocasião, eles a puxaram para fora do trenó com muita força e raiva.
Dopo quello che accadde quella volta non ci riprovarono più.
Eles nunca mais tentaram depois do que aconteceu daquela vez.
Si accasciò come una bambina viziata e si sedette nella neve.
Ela ficou mole como uma criança mimada e sentou-se na neve.
Continuarono a muoversi, ma lei si rifiutò di alzarsi o di seguirli.
Eles seguiram em frente, mas ela se recusou a se levantar ou segui-los.
Dopo tre miglia si fermarono, tornarono indietro e la riportarono indietro.
Depois de três milhas, eles pararam, retornaram e a carregaram de volta.
La ricaricarono sulla slitta, usando ancora una volta la forza bruta.
Eles a recarregaram no trenó, novamente usando força bruta.
Nella loro profonda miseria, erano insensibili alla sofferenza dei cani.
Em sua profunda miséria, eles eram insensíveis ao sofrimento dos cães.
Hal credeva che fosse necessario indurirsi e impose questa convinzione agli altri.
Hal acreditava que era preciso endurecer as pessoas e forçava essa crença aos outros.

Inizialmente ha cercato di predicare la sua filosofia a sua sorella
Ele primeiro tentou pregar sua filosofia para sua irmã
e poi, senza successo, predicò al cognato.
e então, sem sucesso, ele pregou para seu cunhado.
Ebbe più successo con i cani, ma solo perché li ferì.
Ele teve mais sucesso com os cães, mas apenas porque os machucou.
Da Five Fingers, il cibo per cani è rimasto completamente vuoto.
No Five Fingers, a comida do cachorro acabou completamente.
Una vecchia squaw sdentata vendette qualche chilo di pelle di cavallo congelata
Uma velha índia desdentada vendeu alguns quilos de couro de cavalo congelado
Hal scambiò la sua pistola con la pelle di cavallo secca.
Hal trocou seu revólver pelo couro de cavalo seco.
La carne proveniva dai cavalli affamati di allevatori di bovini, morti mesi prima.
A carne vinha de cavalos famintos de pecuaristas meses antes.
Congelata, la pelle era come ferro zincato: dura e immangiabile.
Congelada, a pele era como ferro galvanizado: dura e intragável.
Per riuscire a mangiarla, i cani dovevano masticare la pelle senza sosta.
Os cães tinham que mastigar sem parar o couro para comê-lo.
Ma le corde coriacee e i peli corti non erano certo un nutrimento.
Mas as cordas coriáceas e os pelos curtos dificilmente serviam de alimento.
La maggior parte della pelle era irritante e non era cibo in senso stretto.
A maior parte da pele era irritante e não era comida no sentido verdadeiro.

E nonostante tutto, Buck barcollava davanti a tutti, come in un incubo.
E durante todo esse tempo, Buck cambaleou na frente, como em um pesadelo.

Quando poteva, tirava; quando non poteva, restava lì finché non veniva sollevato dalla frusta o dal bastone.
Ele puxava quando podia; quando não, ficava deitado até que o chicote ou o porrete o levantassem.

Il suo pelo fine e lucido aveva perso tutta la rigidità e la lucentezza di un tempo.
Sua pelagem fina e brilhante havia perdido toda a rigidez e o brilho que outrora possuía.

I suoi capelli erano flosci, spettinati e pieni di sangue rappreso a causa dei colpi.
Seus cabelos estavam caídos, desgrenhados e cobertos de sangue seco dos golpes.

I suoi muscoli si ridussero a midolli e i cuscinetti di carne erano tutti consumati.
Seus músculos encolheram até virarem cordas, e suas almofadas de carne estavam todas desgastadas.

Ogni costola, ogni osso erano chiaramente visibili attraverso le pieghe della pelle rugosa.
Cada costela, cada osso aparecia claramente através de dobras de pele enrugada.

Fu straziante, ma il cuore di Buck non riuscì a spezzarsi.
Foi de partir o coração, mas o coração de Buck não pôde se partir.

L'uomo con il maglione rosso lo aveva testato e dimostrato molto tempo prima.
O homem do suéter vermelho já havia testado e provado isso há muito tempo.

Così come accadde a Buck, accadde anche a tutti i suoi compagni di squadra rimasti.
Assim como aconteceu com Buck, aconteceu com todos os seus companheiros de equipe restantes.

Ce n'erano sette in totale, ognuno uno scheletro ambulante di miseria.

Eram sete no total, cada um deles um esqueleto ambulante de miséria.
Erano diventati insensibili alle fruste e sentivano solo un dolore distante.
Eles ficaram insensíveis ao chicote, sentindo apenas uma dor distante.
Anche la vista e i suoni li raggiungevano debolmente, come attraverso una fitta nebbia.
Até mesmo a visão e o som chegavam até eles fracamente, como se estivessem através de uma névoa espessa.
Non erano mezzi vivi: erano ossa con deboli scintille al loro interno.
Eles não estavam meio vivos — eram ossos com faíscas fracas dentro.
Una volta fermati, crollarono come cadaveri, con le scintille quasi del tutto spente.
Quando parados, eles desmoronavam como cadáveres, com suas faíscas quase apagadas.
E quando la frusta o il bastone colpivano di nuovo, le scintille sfarfallavano debolmente.
E quando o chicote ou o porrete batiam novamente, as faíscas tremulavam fracamente.
Poi si alzarono, barcollarono in avanti e trascinarono le loro membra in avanti.
Então eles se levantaram, cambalearam para a frente e arrastaram seus membros para a frente.
Un giorno il gentile Billee cadde e non riuscì più a rialzarsi.
Um dia, o gentil Billee caiu e não conseguiu mais se levantar.
Hal aveva scambiato la sua pistola con quella di Billee, così decise di ucciderla con un'ascia.
Hal havia trocado seu revólver, então ele usou um machado para matar Billee.
Lo colpì alla testa, poi gli tagliò il corpo e lo trascinò via.
Ele o atingiu na cabeça, então libertou seu corpo e o arrastou para longe.
Buck se ne accorse, e così fecero anche gli altri: sapevano che la morte era vicina.

Buck viu isso, e os outros também; eles sabiam que a morte estava próxima.

Il giorno dopo Koona se ne andò, lasciando solo cinque cani nel gruppo affamato.

No dia seguinte, Koona foi embora, deixando apenas cinco cães no grupo faminto.

Joe, non più cattivo, era ormai troppo fuori di sé per rendersi conto di nulla.

Joe não era mais mau, estava muito malvado para ter consciência de qualquer coisa.

Pike, ormai non fingeva più di essere ferito, era appena cosciente.

Pike, sem fingir mais o ferimento, estava quase inconsciente.

Solleks, ancora fedele, si rammaricava di non avere più la forza di dare.

Solleks, ainda fiel, lamentou não ter forças para dar.

Teek fu battuto più di tutti perché era più fresco, ma stava calando rapidamente.

Teek foi o mais derrotado porque estava mais descansado, mas estava perdendo força rapidamente.

E Buck, ancora in testa, non mantenne più l'ordine né lo fece rispettare.

E Buck, ainda na liderança, não mais mantinha a ordem nem a aplicava.

Mezzo accecato dalla debolezza, Buck seguì la pista solo a tentoni.

Meio cego de fraqueza, Buck seguiu a trilha apenas pelo tato.

Era una bellissima primavera, ma nessuno di loro se ne accorse.

O clima era lindo de primavera, mas nenhum deles percebeu.

Ogni giorno il sole sorgeva prima e tramontava più tardi.

A cada dia o sol nascia mais cedo e se punha mais tarde do que antes.

Alle tre del mattino era già spuntata l'alba; il crepuscolo durò fino alle nove.

Às três da manhã, o amanhecer chegou; o crepúsculo durou até as nove.

Le lunghe giornate erano illuminate dal sole primaverile.
Os longos dias eram preenchidos com o brilho intenso do sol da primavera.
Il silenzio spettrale dell'inverno si era trasformato in un caldo mormorio.
O silêncio fantasmagórico do inverno havia se transformado em um murmúrio quente.
Tutta la terra si stava svegliando, animata dalla gioia degli esseri viventi.
Toda a terra estava desperta, viva com a alegria dos seres vivos.
Il suono proveniva da ciò che era rimasto morto e immobile per tutto l'inverno.
O som vinha daquilo que havia permanecido morto e imóvel durante o inverno.
Ora quelle cose si mossero di nuovo, scrollandosi di dosso il lungo sonno del gelo.
Agora, essas coisas se moviam novamente, sacudindo o longo sono congelado.
La linfa saliva attraverso i tronchi scuri dei pini in attesa.
A seiva subia pelos troncos escuros dos pinheiros que esperavam.
Salici e pioppi tremuli fanno sbocciare giovani gemme luminose su ogni ramoscello.
Salgueiros e álamos produzem brotos jovens e brilhantes em cada galho.
Arbusti e viti si tingono di un verde fresco mentre il bosco si anima.
Arbustos e trepadeiras ganharam um verde fresco enquanto a floresta ganhava vida.
Di notte i grilli cantavano e di giorno gli insetti strisciavano nella luce del sole.
Os grilos cantavam à noite e os insetos rastejavam sob o sol do dia.
Le pernici gridavano e i picchi picchiavano in profondità tra gli alberi.
As perdizes rugiam e os pica-paus batiam fundo nas árvores.

Gli scoiattoli chiacchieravano, gli uccelli cantavano e le oche starnazzavano per richiamare l'attenzione dei cani.
Os esquilos tagarelavam, os pássaros cantavam e os gansos grasnavam para os cães.
Gli uccelli selvatici arrivavano a cunei affilati, volando in alto da sud.
As aves selvagens vinham em bandos afiados, voando do sul.
Da ogni pendio giungeva la musica di ruscelli nascosti e impetuosi.
De cada encosta vinha a música de riachos escondidos e caudalosos.
Tutto si scongelava e si spezzava, si piegava e ricominciava a muoversi.
Todas as coisas descongelaram e estalaram, dobraram-se e voltaram a se mover.
Lo Yukon si sforzò di spezzare le fredde catene del ghiaccio ghiacciato.
O Yukon se esforçou para quebrar as correntes frias de gelo congelado.
Il ghiaccio si scioglieva sotto, mentre il sole lo scioglieva dall'alto.
O gelo derreteu por baixo, enquanto o sol o derreteu por cima.
Si aprirono dei buchi, si allargarono delle crepe e dei pezzi caddero nel fiume.
Buracos de ar se abriram, rachaduras se espalharam e pedaços caíram no rio.
In mezzo a tutta questa vita sfrenata e sfrenata, i viaggiatori barcollavano.
Em meio a toda essa vida explosiva e flamejante, os viajantes cambaleavam.
Due uomini, una donna e un branco di husky camminavano come morti.
Dois homens, uma mulher e uma matilha de huskies caminhavam como mortos.
I cani cadevano, Mercedes piangeva, ma continuava a guidare la slitta.

Os cães estavam caindo, Mercedes chorava, mas ainda andava no trenó.
Hal imprecò debolmente e Charles sbatté le palpebre con gli occhi lacrimanti.
Hal praguejou fracamente, e Charles piscou com os olhos lacrimejantes.
Si imbatterono nell'accampamento di John Thornton, nei pressi della foce del White River.
Eles tropeçaram no acampamento de John Thornton, na foz do Rio Branco.
Quando si fermarono, i cani caddero a terra, come se fossero stati tutti colpiti a morte.
Quando pararam, os cães caíram no chão, como se estivessem todos mortos.
Mercedes si asciugò le lacrime e guardò John Thornton.
Mercedes enxugou as lágrimas e olhou para John Thornton.
Charles si sedette su un tronco, lentamente e rigidamente, dolorante per il sentiero.
Charles sentou-se em um tronco, lenta e rigidamente, dolorido por causa da trilha.
Hal parlava mentre Thornton intagliava l'estremità del manico di un'ascia.
Hal falou enquanto Thornton esculpia a ponta de um cabo de machado.
Tagliò il legno di betulla e rispose con frasi brevi e decise.
Ele talhou madeira de bétula e respondeu com respostas breves e firmes.
Quando gli veniva chiesto, dava un consiglio, certo che non sarebbe stato seguito.
Quando questionado, ele deu conselhos, certo de que não seriam seguidos.
Hal spiegò: "Ci avevano detto che il ghiaccio lungo la pista si stava staccando".
Hal explicou: "Eles nos disseram que o gelo da trilha estava derretendo."
"Ci avevano detto che dovevamo restare fermi, ma siamo arrivati a White River."

"Disseram que deveríamos ficar parados, mas chegamos a White River."

Concluse con un tono beffardo, come per cantare vittoria nelle difficoltà.

Ele terminou com um tom de escárnio, como se quisesse reivindicar vitória em meio às dificuldades.

"E ti hanno detto la verità", rispose John Thornton a bassa voce ad Hal.

"E eles lhe disseram a verdade", John Thornton respondeu calmamente a Hal.

"Il ghiaccio potrebbe cedere da un momento all'altro: è pronto a staccarsi."

"O gelo pode ceder a qualquer momento. Ele está pronto para cair."

"Solo la fortuna cieca e gli sciocchi avrebbero potuto arrivare vivi fin qui."

"Só a sorte cega e os tolos poderiam ter chegado tão longe com vida."

"Te lo dico senza mezzi termini: non rischierei la vita per tutto l'oro dell'Alaska."

"Vou lhe dizer francamente: eu não arriscaria minha vida por todo o ouro do Alasca."

"Immagino che tu non sia uno stupido", rispose Hal.

"É porque você não é tolo, eu acho", respondeu Hal.

"Comunque, andiamo avanti con Dawson." Srotolò la frusta.

"Mesmo assim, iremos para Dawson." Ele desenrolou seu chicote.

"Sali, Buck! Ehi! Alzati! Forza!" urlò con voce roca.

"Sobe aí, Buck! Oi! Levanta! Vai!", gritou ele asperamente.

Thornton continuò a intagliare, sapendo che gli sciocchi non volevano sentire ragioni.

Thornton continuou a talhar, sabendo que os tolos não ouviriam a razão.

Fermare uno stupido era inutile, e due o tre stupidi non cambiavano nulla.

Parar um tolo era inútil — e dois ou três tolos não mudavam nada.

Ma la squadra non si mosse al suono del comando di Hal.
Mas a equipe não se moveu ao som do comando de Hal.
Ormai solo i colpi potevano farli sollevare e avanzare.
A essa altura, somente golpes conseguiam fazê-los se levantar e avançar.
La frusta schioccava ripetutamente sui cani indeboliti.
O chicote estalava repetidamente nos cães enfraquecidos.
John Thornton strinse forte le labbra e osservò in silenzio.
John Thornton apertou os lábios e observou em silêncio.
Solleks fu il primo a rialzarsi sotto la frusta.
Solleks foi o primeiro a se levantar sob o chicote.
Poi Teek lo seguì, tremando. Joe urlò mentre barcollava.
Então Teek o seguiu, tremendo. Joe gritou ao se levantar cambaleando.
Pike cercò di alzarsi, fallì due volte, poi alla fine si rialzò barcollando.
Pike tentou se levantar, falhou duas vezes e então finalmente conseguiu ficar de pé, cambaleando.
Ma Buck rimase lì dov'era caduto, senza muoversi affatto.
Mas Buck permaneceu onde havia caído, sem se mexer durante todo esse tempo.
La frusta lo colpì più volte, ma lui non emise alcun suono.
O chicote o golpeava repetidamente, mas ele não emitia nenhum som.
Lui non sussultò né oppose resistenza, rimase semplicemente immobile e in silenzio.
Ele não vacilou nem resistiu, simplesmente permaneceu parado e quieto.
Thornton si mosse più di una volta, come per dire qualcosa, ma non lo fece.
Thornton se mexeu mais de uma vez, como se fosse falar, mas não o fez.
I suoi occhi si inumidirono, ma la frusta continuava a schioccare contro Buck.
Seus olhos ficaram marejados, e o chicote continuou a estalar contra Buck.

Alla fine Thornton cominciò a camminare lentamente, incerto sul da farsi.
Por fim, Thornton começou a andar lentamente, sem saber o que fazer.
Era la prima volta che Buck falliva e Hal si infuriò.
Foi a primeira vez que Buck falhou, e Hal ficou furioso.
Gettò via la frusta e prese al suo posto il pesante manganello.
Ele jogou o chicote no chão e pegou o pesado porrete.
La mazza di legno colpì con violenza, ma Buck non si alzò per muoversi.
O porrete de madeira caiu com força, mas Buck ainda não se levantou para se mover.
Come i suoi compagni di squadra, era troppo debole, ma non solo.
Assim como seus companheiros de equipe, ele era muito fraco — mas era mais do que isso.
Buck aveva deciso di non muoversi, qualunque cosa accadesse.
Buck decidiu não se mover, não importa o que acontecesse em seguida.
Sentì qualcosa di oscuro e sicuro incombere proprio davanti a sé.
Ele sentiu algo escuro e certo pairando à sua frente.
Quel terrore lo aveva colto non appena aveva raggiunto la riva del fiume.
Esse medo tomou conta dele assim que chegou à margem do rio.
Quella sensazione non lo aveva abbandonato da quando aveva sentito il ghiaccio assottigliarsi sotto le zampe.
A sensação não o abandonou desde que ele sentiu o gelo ficar fino sob suas patas.
Qualcosa di terribile lo stava aspettando: lo sentiva proprio lungo il sentiero.
Algo terrível estava esperando — ele sentiu isso logo abaixo na trilha.

Non avrebbe camminato verso quella cosa terribile davanti a lui
Ele não iria caminhar em direção àquela coisa terrível à sua frente
Non avrebbe obbedito a nessun ordine che lo avrebbe condotto a quella cosa.
Ele não iria obedecer a nenhuma ordem que o levasse àquela coisa.
Ormai il dolore dei colpi non lo sfiorava più: era troppo stanco.
A dor dos golpes mal o tocava agora — ele estava muito mal.
La scintilla della vita tremolava lentamente, affievolita da ogni colpo crudele.
A centelha da vida brilhava fracamente, apagando-se sob cada golpe cruel.
Gli arti gli sembravano distanti; tutto il corpo sembrava appartenere a un altro.
Seus membros pareciam distantes; todo o seu corpo parecia pertencer a outro.
Sentì uno strano torpore mentre il dolore scompariva completamente.
Ele sentiu uma dormência estranha enquanto a dor desaparecia completamente.
Da lontano, sentiva che lo stavano picchiando, ma non se ne rendeva conto.
De longe, ele sentiu que estava sendo espancado, mas mal sabia.
Poteva udire debolmente i tonfi, ma ormai non gli facevano più male.
Ele conseguia ouvir as pancadas fracamente, mas elas não doíam mais de verdade.
I colpi andarono a segno, ma il suo corpo non sembrava più il suo.
Os golpes acertaram, mas seu corpo não parecia mais o seu.
Poi, all'improvviso, senza alcun preavviso, John Thornton lanciò un grido selvaggio.

Então, de repente, sem aviso, John Thornton deu um grito selvagem.
Era inarticolato, più il grido di una bestia che di un uomo.
Era inarticulado, mais o grito de uma fera do que de um homem.
Si lanciò sull'uomo con la mazza e fece cadere Hal all'indietro.
Ele saltou em direção ao homem com o porrete e derrubou Hal para trás.
Hal volò come se fosse stato colpito da un albero, atterrando pesantemente al suolo.
Hal voou como se tivesse sido atingido por uma árvore, aterrissando com força no chão.
Mercedes urlò a gran voce in preda al panico e si portò le mani al viso.
Mercedes gritou alto em pânico e agarrou o rosto.
Charles si limitò a guardare, si asciugò gli occhi e rimase seduto.
Charles apenas observou, enxugou os olhos e permaneceu sentado.
Il suo corpo era troppo irrigidito dal dolore per alzarsi o contribuire alla lotta.
Seu corpo estava rígido demais de dor para se levantar ou ajudar na luta.
Thornton era in piedi davanti a Buck, tremante di rabbia, incapace di parlare.
Thornton ficou de pé sobre Buck, tremendo de fúria, incapaz de falar.
Tremava di rabbia e lottò per trovare la voce.
Ele tremia de raiva e lutava para encontrar sua voz em meio a isso.
"Se colpisci ancora quel cane, ti uccido", disse infine.
"Se você bater naquele cachorro de novo, eu vou te matar", ele disse finalmente.
Hal si asciugò il sangue dalla bocca e tornò avanti.
Hal limpou o sangue da boca e voltou para frente.
"È il mio cane", borbottò. "Togliti di mezzo o ti sistemo io."

"É o meu cachorro", murmurou ele. "Sai da frente, senão eu te acerto."

"Vado da Dawson e tu non mi fermerai", ha aggiunto.

"Vou para Dawson, e você não vai me impedir", acrescentou.

Thornton si fermò tra Buck e il giovane arrabbiato.

Thornton permaneceu firme entre Buck e o jovem furioso.

Non aveva alcuna intenzione di farsi da parte o di lasciar passare Hal.

Ele não tinha intenção de se afastar ou deixar Hal passar.

Hal tirò fuori il suo coltello da caccia, lungo e pericoloso nella sua mano.

Hal sacou sua faca de caça, longa e perigosa na mão.

Mercedes urlò, poi pianse, poi rise in preda a un'isteria selvaggia.

Mercedes gritou, depois chorou e depois riu histericamente.

Thornton colpì la mano di Hal con il manico dell'ascia, con forza e rapidità.

Thornton atingiu a mão de Hal com o cabo do machado, forte e rápido.

Il coltello si liberò dalla presa di Hal e volò a terra.

A faca se soltou das mãos de Hal e voou para o chão.

Hal cercò di raccogliere il coltello, ma Thornton gli batté di nuovo le nocche.

Hal tentou pegar a faca, e Thornton bateu nos nós dos dedos novamente.

Poi Thornton si chinò, afferrò il coltello e lo tenne fermo.

Então Thornton se abaixou, pegou a faca e a segurou.

Con due rapidi colpi del manico dell'ascia, tagliò le redini di Buck.

Com dois golpes rápidos no cabo do machado, ele cortou as rédeas de Buck.

Hal non aveva più voglia di combattere e si allontanò dal cane.

Hal não tinha mais forças para lutar e se afastou do cachorro.

Inoltre, ora Mercedes aveva bisogno di entrambe le braccia per restare in piedi.

Além disso, Mercedes precisava dos dois braços para se manter em pé.
Buck era troppo vicino alla morte per poter nuovamente tirare la slitta.
Buck estava muito perto da morte para poder puxar um trenó novamente.
Pochi minuti dopo, ripartirono, dirigendosi verso il fiume.
Poucos minutos depois, eles partiram e seguiram rio abaixo.
Buck sollevò debolmente la testa e li guardò lasciare la banca.
Buck levantou a cabeça fracamente e os observou saindo do banco.
Pike guidava la squadra, con Solleks dietro al volante.
Pike liderou a equipe, com Solleks na retaguarda, no lugar do volante.
Joe e Teek camminavano in mezzo, zoppicando entrambi per la stanchezza.
Joe e Teek caminhavam entre eles, ambos mancando de exaustão.
Mercedes si sedette sulla slitta e Hal afferrò la lunga pertica.
Mercedes sentou-se no trenó e Hal agarrou o longo mastro.
Charles barcollava dietro di lui, con passi goffi e incerti.
Charles cambaleou para trás, com passos desajeitados e incertos.
Thornton si inginocchiò accanto a Buck e tastò delicatamente per vedere se aveva ossa rotte.
Thornton se ajoelhou ao lado de Buck e delicadamente apalpou os ossos quebrados.
Le sue mani erano ruvide, ma si muovevano con gentilezza e cura.
Suas mãos eram ásperas, mas se moviam com gentileza e cuidado.
Il corpo di Buck era pieno di lividi, ma non presentava lesioni permanenti.
O corpo de Buck estava machucado, mas não apresentava ferimentos permanentes.

Ciò che restava era una fame terribile e una debolezza quasi totale.
O que restou foi uma fome terrível e fraqueza quase total.
Quando la situazione fu più chiara, la slitta era già andata molto a valle.
Quando isso ficou claro, o trenó já havia ido longe rio abaixo.
L'uomo e il cane osservavano la slitta avanzare lentamente sul ghiaccio che si rompeva.
O homem e o cachorro observavam o trenó rastejando lentamente sobre o gelo rachado.
Poi videro la slitta sprofondare in una cavità.
Então, eles viram o trenó afundar em uma depressão.
La pertica volò in alto, ma Hal vi si aggrappò ancora invano.
O mastro voou para cima, com Hal ainda se agarrando a ele em vão.
L'urlo di Mercedes li raggiunse attraverso la fredda distanza.
O grito de Mercedes os alcançou através da distância fria.
Charles si voltò e fece un passo indietro, ma era troppo tardi.
Charles se virou e deu um passo para trás, mas era tarde demais.
Un'intera calotta di ghiaccio cedette e tutti precipitarono.
Uma camada inteira de gelo cedeu e todos eles caíram.
Cani, slitte e persone scomparvero nelle acque nere sottostanti.
Cães, trenós e pessoas desapareceram na água escura abaixo.
Nel punto in cui erano passati era rimasto solo un largo buco nel ghiaccio.
Apenas um grande buraco no gelo ficou por onde eles passaram.
Il fondo del sentiero era crollato, proprio come aveva previsto Thornton.
O fundo da trilha havia cedido, exatamente como Thornton havia avisado.
Thornton e Buck si guardarono l'un l'altro, in silenzio per un momento.
Thornton e Buck se entreolharam e ficaram em silêncio por um momento.

"Povero diavolo", disse Thornton dolcemente, e Buck gli leccò la mano.
"Pobre coitado", disse Thornton suavemente, e Buck lambeu a mão.

Per amore di un uomo
Pelo Amor de um Homem

John Thornton si congelò i piedi per il freddo del dicembre precedente.
John Thornton congelou os pés no frio do dezembro anterior.
I suoi compagni lo fecero sentire a suo agio e lo lasciarono guarire da solo.
Seus parceiros o deixaram confortável e se recuperar sozinho.
Risalirono il fiume per raccogliere una zattera di tronchi da sega per Dawson.
Eles subiram o rio para coletar uma jangada de toras de serra para Dawson.
Zoppicava ancora leggermente quando salvò Buck dalla morte.
Ele ainda estava mancando um pouco quando resgatou Buck da morte.
Ma con il persistere del caldo, anche quella zoppia è scomparsa.
Mas com a continuação do tempo quente, até essa claudicação desapareceu.
Sdraiato sulla riva del fiume durante le lunghe giornate primaverili, Buck si riposò.
Deitado na margem do rio durante longos dias de primavera, Buck descansava.
Osservava l'acqua che scorreva e ascoltava gli uccelli e gli insetti.
Ele observou a água corrente e ouviu pássaros e insetos.
Lentamente Buck riacquistò le forze sotto il sole e il cielo.
Lentamente, Buck recuperou suas forças sob o sol e o céu.
Dopo aver viaggiato tremila miglia, riposarsi è stato meraviglioso.
Descansar foi maravilhoso depois de viajar 4.800 quilômetros.
Buck diventò pigro man mano che le sue ferite guarivano e il suo corpo si riempiva.
Buck ficou preguiçoso enquanto suas feridas cicatrizavam e seu corpo encorpava.

I suoi muscoli si rassodarono e la carne tornò a ricoprire le sue ossa.
Seus músculos ficaram firmes e a carne voltou a cobrir seus ossos.
Stavano tutti riposando: Buck, Thornton, Skeet e Nig.
Estavam todos descansando: Buck, Thornton, Skeet e Nig.
Aspettarono la zattera che li avrebbe portati a Dawson.
Eles esperaram a jangada que os levaria até Dawson.
Skeet era un piccolo setter irlandese che fece amicizia con Buck.
Skeet era um pequeno setter irlandês que fez amizade com Buck.
Buck era troppo debole e malato per resisterle al loro primo incontro.
Buck estava fraco e doente demais para resistir a ela no primeiro encontro.
Skeet aveva la caratteristica di guaritore che alcuni cani possiedono per natura.
Skeet tinha a característica de curandeira que alguns cães possuem naturalmente.
Come una gatta, leccò e pulì le ferite aperte di Buck.
Como uma gata, ela lambeu e limpou as feridas abertas de Buck.
Ogni mattina, dopo colazione, ripeteva il suo attento lavoro.
Todas as manhãs, após o café da manhã, ela repetia seu trabalho cuidadoso.
Buck finì per aspettarsi il suo aiuto tanto quanto quello di Thornton.
Buck passou a esperar a ajuda dela tanto quanto esperava a de Thornton.
Anche Nig era amichevole, ma meno aperto e meno affettuoso.
Nig também era amigável, mas menos aberto e menos afetuoso.
Nig era un grosso cane nero, in parte segugio e in parte levriero.
Nig era um grande cão preto, parte sabujo e parte cão de caça.

Aveva occhi sorridenti e un'infinita bontà d'animo.
Ele tinha olhos risonhos e uma bondade infinita em seu espírito.
Con sorpresa di Buck, nessuno dei due cani mostrò gelosia nei suoi confronti.
Para a surpresa de Buck, nenhum dos cães demonstrou ciúmes dele.
Sia Skeet che Nig condividevano la gentilezza di John Thornton.
Tanto Skeet quanto Nig compartilhavam a gentileza de John Thornton.
Man mano che Buck diventava più forte, lo attiravano in stupidi giochi da cani.
À medida que Buck ficava mais forte, eles o atraíam para brincadeiras tolas de cachorro.
Anche Thornton giocava spesso con loro, incapace di resistere alla loro gioia.
Thornton também brincava com eles com frequência, pois não conseguia resistir à alegria deles.
In questo modo giocoso, Buck passò dalla malattia a una nuova vita.
Dessa forma lúdica, Buck passou da doença para uma nova vida.
L'amore, quello vero, ardente e passionale, era finalmente suo.
O amor — verdadeiro, ardente e apaixonado — era seu finalmente.
Non aveva mai conosciuto questo tipo di amore nella tenuta di Miller.
Ele nunca conheceu esse tipo de amor na propriedade de Miller.
Con i figli del giudice aveva condiviso lavoro e avventure.
Com os filhos do Juiz, ele compartilhou trabalho e aventura.
Nei nipoti notò un orgoglio rigido e vanitoso.
Nos netos, ele viu um orgulho rígido e prepotente.
Con lo stesso giudice Miller aveva un rapporto di rispettosa amicizia.

Com o próprio juiz Miller, ele tinha uma amizade respeitosa.
Ma l'amore che era fuoco, follia e adorazione era ciò che accadeva con Thornton.
Mas o amor que era fogo, loucura e adoração veio com Thornton.
Quest'uomo aveva salvato la vita di Buck, e questo di per sé significava molto.
Este homem salvou a vida de Buck, e isso por si só significava muito.
Ma più di questo, John Thornton era il tipo ideale di maestro.
Mas mais do que isso, John Thornton era o tipo ideal de mestre.
Altri uomini si prendevano cura dei cani per dovere o per necessità lavorative.
Outros homens cuidavam de cães por obrigação ou necessidade comercial.
John Thornton si prendeva cura dei suoi cani come se fossero figli.
John Thornton cuidava de seus cães como se fossem seus filhos.
Si prendeva cura di loro perché li amava e semplicemente non poteva farne a meno.
Ele se importava com eles porque os amava e simplesmente não conseguia evitar.
John Thornton vide molto più lontano di quanto la maggior parte degli uomini riuscisse mai a vedere.
John Thornton viu ainda mais longe do que a maioria dos homens conseguiu ver.
Non dimenticava mai di salutarli gentilmente o di pronunciare una parola di incoraggiamento.
Ele nunca se esquecia de cumprimentá-los gentilmente ou de dizer uma palavra de incentivo.
Amava sedersi con i cani per fare lunghe chiacchierate, o "gassy", come diceva lui.
Ele adorava sentar-se com os cães para longas conversas, ou "gassy", como ele dizia.

Gli piaceva afferrare bruscamente la testa di Buck tra le sue mani forti.
Ele gostava de agarrar a cabeça de Buck com força entre suas mãos fortes.
Poi appoggiò la testa contro quella di Buck e lo scosse delicatamente.
Então ele encostou a cabeça na de Buck e o sacudiu gentilmente.
Nel frattempo, chiamava Buck con nomi volgari che per lui significavano affetto.
Durante todo o tempo, ele chamava Buck de nomes rudes que significavam amor para Buck.
Per Buck, quell'abbraccio rude e quelle parole portarono una gioia profonda.
Para Buck, aquele abraço rude e aquelas palavras trouxeram profunda alegria.
A ogni movimento il suo cuore sembrava sussultare di felicità.
Seu coração parecia tremer de felicidade a cada movimento.
Quando poi balzò in piedi, la sua bocca sembrava ridere.
Quando ele se levantou depois, sua boca parecia estar rindo.
I suoi occhi brillavano intensamente e la sua gola tremava per una gioia inespressa.
Seus olhos brilhavam intensamente e sua garganta tremia de alegria silenciosa.
Il suo sorriso rimase immobile in quello stato di emozione e affetto ardente.
Seu sorriso permaneceu imóvel naquele estado de emoção e afeição radiante.
Allora Thornton esclamò pensieroso: "Dio! Riesce quasi a parlare!"
Então Thornton exclamou pensativamente: "Meu Deus! Ele quase consegue falar!"
Buck aveva uno strano modo di esprimere l'amore che quasi gli causava dolore.
Buck tinha uma maneira estranha de expressar amor que quase causava dor.

Spesso stringeva forte la mano di Thornton tra i denti.
Ele frequentemente apertava a mão de Thornton com os dentes, com muita força.
Il morso avrebbe lasciato segni profondi che sarebbero rimasti per qualche tempo.
A mordida deixaria marcas profundas que permaneceriam por algum tempo.
Buck credeva che quei giuramenti fossero amore, e Thornton la pensava allo stesso modo.
Buck acreditava que aqueles juramentos eram de amor, e Thornton sabia o mesmo.
Il più delle volte, l'amore di Buck si manifestava in un'adorazione silenziosa, quasi silenziosa.
Na maioria das vezes, o amor de Buck se manifestava em adoração silenciosa, quase silenciosa.
Sebbene fosse emozionato quando veniva toccato o gli si parlava, non cercava attenzione.
Embora se sentisse emocionado quando tocado ou falado, ele não buscava atenção.
Skeet spinse il naso sotto la mano di Thornton finché lui non la accarezzò.
Skeet colocou o focinho sob a mão de Thornton até que ele a acariciou.
Nig si avvicinò silenziosamente e appoggiò la sua grande testa sulle ginocchia di Thornton.
Nig caminhou silenciosamente e apoiou sua grande cabeça no joelho de Thornton.
Buck, al contrario, si accontentava di amare da una rispettosa distanza.
Buck, por outro lado, estava satisfeito em amar a uma distância respeitosa.
Rimase sdraiato per ore ai piedi di Thornton, vigile e attento.
Ele ficou deitado por horas aos pés de Thornton, alerta e observando atentamente.
Buck studiò ogni dettaglio del volto del suo padrone, perfino il più piccolo movimento.

Buck estudou cada detalhe do rosto de seu mestre e cada menor movimento.

Oppure sdraiati più lontano, studiando in silenzio la sagoma dell'uomo.

Ou deitado mais longe, estudando a figura do homem em silêncio.

Buck osservava ogni piccolo movimento, ogni cambiamento di postura o di gesto.

Buck observava cada pequeno movimento, cada mudança de postura ou gesto.

Questo legame era così potente che spesso catturava lo sguardo di Thornton.

Essa conexão era tão poderosa que muitas vezes atraiu o olhar de Thornton.

Incontrò lo sguardo di Buck senza dire parole, e il suo amore traspariva chiaramente.

Ele encontrou os olhos de Buck sem dizer nada, o amor brilhando claramente.

Per molto tempo dopo essere stato salvato, Buck non perse mai di vista Thornton.

Por um longo tempo depois de ser salvo, Buck nunca deixou Thornton fora de vista.

Ogni volta che Thornton usciva dalla tenda, Buck lo seguiva da vicino all'esterno.

Sempre que Thornton saía da tenda, Buck o seguia de perto para fora.

Tutti i severi padroni delle Terre del Nord avevano fatto sì che Buck non riuscisse più a fidarsi.

Todos os mestres severos das Terras do Norte fizeram com que Buck tivesse medo de confiar.

Temeva che nessun uomo potesse restare suo padrone se non per un breve periodo.

Ele temia que nenhum homem pudesse permanecer como seu mestre por mais do que um curto período de tempo.

Temeva che John Thornton sarebbe scomparso come Perrault e François.

Ele temia que John Thornton desaparecesse como Perrault e François.
Anche di notte, la paura di perderlo tormentava il sonno agitato di Buck.
Mesmo à noite, o medo de perdê-lo assombrava o sono agitado de Buck.
Quando Buck si svegliò, si trascinò fuori al freddo e andò nella tenda.
Quando Buck acordou, ele saiu sorrateiramente para o frio e foi até a barraca.
Ascoltò attentamente il leggero suono del suo respiro interiore.
Ele ouviu atentamente o som suave da respiração lá dentro.
Nonostante il profondo amore di Buck per John Thornton, la natura selvaggia sopravvisse.
Apesar do profundo amor de Buck por John Thornton, a natureza permaneceu viva.
Quell'istinto primitivo, risvegliatosi nel Nord, non scomparve.
Esse instinto primitivo, despertado no Norte, não desapareceu.
L'amore portava devozione, lealtà e il caldo legame attorno al fuoco.
O amor trouxe devoção, lealdade e o vínculo caloroso do lado do fogo.
Ma Buck mantenne anche i suoi istinti selvaggi, acuti e sempre all'erta.
Mas Buck também manteve seus instintos selvagens, aguçados e sempre alertas.
Non era solo un animale domestico addomesticato proveniente dalle dolci terre della civiltà.
Ele não era apenas um animal de estimação domesticado das terras macias da civilização.
Buck era un essere selvaggio che si era seduto accanto al fuoco di Thornton.
Buck era um ser selvagem que veio sentar-se perto do fogo de Thornton.

Sembrava un cane del Southland, ma in lui albergava la natura selvaggia.
Ele parecia um cão da raça Southland, mas a selvageria vivia dentro dele.
Il suo amore per Thornton era troppo grande per permettersi un furto da parte di quell'uomo.
Seu amor por Thornton era grande demais para permitir que ele o roubasse.
Ma in qualsiasi altro campo ruberebbe con audacia e senza esitazione.
Mas em qualquer outro acampamento, ele roubaria com ousadia e sem hesitação.
Era così abile nel rubare che nessuno riusciva a catturarlo o accusarlo.
Ele era tão esperto em roubar que ninguém conseguia pegá-lo ou acusá-lo.
Il suo viso e il suo corpo erano coperti di cicatrici dovute a molti combattimenti passati.
Seu rosto e corpo estavam cobertos de cicatrizes de muitas lutas passadas.
Buck continuava a combattere con ferocia, ma ora lo faceva con maggiore astuzia.
Buck ainda lutava ferozmente, mas agora lutava com mais astúcia.
Skeet e Nig erano troppo docili per combattere, ed erano di Thornton.
Skeet e Nig eram gentis demais para lutar, e eram de Thornton.
Ma qualsiasi cane estraneo, non importa quanto forte o coraggioso, cedeva.
Mas qualquer cão estranho, não importa quão forte ou corajoso, cedia.
Altrimenti, il cane si ritrovò a combattere contro Buck, lottando per la propria vita.
Caso contrário, o cão se veria lutando contra Buck, lutando por sua vida.

Buck non ebbe pietà quando decise di combattere contro un altro cane.
Buck não teve misericórdia quando decidiu lutar contra outro cão.
Aveva imparato bene la legge del bastone e della zanna nel Nord.
Ele aprendeu bem a lei da clava e das presas nas Terras do Norte.
Non ha mai rinunciato a un vantaggio e non si è mai tirato indietro dalla battaglia.
Ele nunca abriu mão de uma vantagem e nunca recuou da batalha.
Aveva studiato Spitz e i cani più feroci della polizia e della posta.
Ele estudou Spitz e os cães mais ferozes de correio e polícia.
Sapeva chiaramente che non esisteva via di mezzo in un combattimento selvaggio.
Ele sabia claramente que não havia meio-termo em combate selvagem.
Doveva governare o essere governato; mostrare misericordia significava mostrare debolezza.
Ele devia governar ou ser governado; mostrar misericórdia significava mostrar fraqueza.
La pietà era sconosciuta nel mondo crudo e brutale della sopravvivenza.
A misericórdia era desconhecida no mundo cru e brutal da sobrevivência.
Mostrare pietà era visto come un atto di paura, e la paura conduceva rapidamente alla morte.
Mostrar misericórdia era visto como medo, e o medo levava rapidamente à morte.
La vecchia legge era semplice: uccidere o essere uccisi, mangiare o essere mangiati.
A antiga lei era simples: matar ou ser morto, comer ou ser comido.
Quella legge proveniva dalle profondità del tempo e Buck la seguì alla lettera.

Essa lei veio das profundezas do tempo, e Buck a seguiu integralmente.

Buck era più vecchio dei suoi anni e del numero dei suoi respiri.
Buck era mais velho do que sua idade e do que o número de vezes que respirava.

Collegava in modo chiaro il passato remoto con il momento presente.
Ele conectou claramente o passado antigo com o momento presente.

I ritmi profondi dei secoli si muovevano attraverso di lui come le maree.
Os ritmos profundos das eras moviam-se através dele como as marés.

Il tempo pulsava nel suo sangue con la stessa sicurezza con cui le stagioni muovevano la terra.
O tempo pulsava em seu sangue tão seguramente quanto as estações moviam a Terra.

Sedeva accanto al fuoco di Thornton, con il petto forte e le zanne bianche.
Ele estava sentado perto do fogo de Thornton, com peito forte e presas brancas.

La sua lunga pelliccia ondeggiava, ma dietro di lui lo osservavano gli spiriti dei cani selvatici.
Seu longo pelo balançava, mas atrás dele os espíritos de cães selvagens observavam.

Lupi mezzi e lupi veri si agitavano nel suo cuore e nei suoi sensi.
Meio-lobos e lobos puros agitavam-se em seu coração e sentidos.

Assaggiarono la sua carne e bevvero la stessa acqua che bevve lui.
Eles provaram sua carne e beberam a mesma água que ele.

Annusarono il vento insieme a lui e ascoltarono la foresta.
Eles cheiravam o vento ao lado dele e ouviam a floresta.

Sussurravano il significato dei suoni selvaggi nell'oscurità.

Eles sussurravam os significados dos sons selvagens na escuridão.
Modellavano il suo umore e guidavano ciascuna delle sue reazioni silenziose.
Elas moldavam seu humor e guiavam cada uma de suas reações silenciosas.
Giacevano accanto a lui mentre dormiva e diventavano parte dei suoi sogni profondi.
Elas ficaram com ele enquanto ele dormia e se tornaram parte de seus sonhos profundos.
Sognavano con lui, oltre lui, e costituivano il suo stesso spirito.
Eles sonhavam com ele, além dele, e constituíam seu próprio espírito.
Gli spiriti della natura selvaggia chiamavano con tanta forza che Buck si sentì attratto.
Os espíritos selvagens chamavam tão fortemente que Buck se sentiu atraído.
Ogni giorno che passava, l'umanità e le sue rivendicazioni si indebolivano nel cuore di Buck.
A cada dia, a humanidade e suas reivindicações enfraqueciam o coração de Buck.
Nel profondo della foresta si stava per udire un richiamo strano ed emozionante.
Nas profundezas da floresta, um chamado estranho e emocionante iria surgir.
Ogni volta che sentiva la chiamata, Buck provava un impulso a cui non riusciva a resistere.
Toda vez que ouvia o chamado, Buck sentia uma vontade irresistível.
Avrebbe voltato le spalle al fuoco e ai sentieri battuti dagli uomini.
Ele iria se afastar do fogo e dos caminhos humanos trilhados.
Stava per addentrarsi nella foresta, avanzando senza sapere il perché.
Ele ia mergulhar na floresta, avançando sem saber por quê.

Non mise in discussione questa attrazione, perché la chiamata era profonda e potente.
Ele não questionou essa atração, pois o chamado era profundo e poderoso.
Spesso raggiungeva l'ombra verde e la terra morbida e intatta
Muitas vezes, ele alcançava a sombra verde e a terra macia e intocada
Ma poi il forte amore per John Thornton lo riportò al fuoco.
Mas então o forte amor por John Thornton o puxou de volta para o fogo.
Soltanto John Thornton riuscì davvero a tenere stretto il cuore selvaggio di Buck.
Somente John Thornton realmente tinha o coração selvagem de Buck em suas mãos.
Per Buck il resto dell'umanità non aveva alcun valore o significato duraturo.
O resto da humanidade não tinha valor ou significado duradouro para Buck.
Gli sconosciuti potrebbero lodarlo o accarezzargli la pelliccia con mani amichevoli.
Estranhos podem elogiá-lo ou acariciar seu pelo com mãos amigáveis.
Buck rimase impassibile e se ne andò per eccesso di affetto.
Buck permaneceu impassível e foi embora por excesso de afeição.
Hans e Pete arrivarono con la zattera che era stata attesa a lungo
Hans e Pete chegaram com a jangada tão esperada
Buck li ignorò finché non venne a sapere che erano vicini a Thornton.
Buck os ignorou até saber que estavam perto de Thornton.
Da allora in poi li tollerò, ma non dimostrò mai loro tutto il suo calore.
Depois disso, ele os tolerou, mas nunca lhes demonstrou calor humano total.

Accettava da loro cibo o gentilezza come se volesse fare loro un favore.
Ele aceitava comida ou gentileza deles como se estivesse lhes fazendo um favor.
Erano come Thornton: semplici, onesti e lucidi nei pensieri.
Eles eram como Thornton: simples, honestos e claros nos pensamentos.
Tutti insieme viaggiarono verso la segheria di Dawson e il grande vortice
Todos juntos viajaram para a serraria de Dawson e para o grande redemoinho
Nel corso del loro viaggio impararono a comprendere profondamente la natura di Buck.
Em sua jornada, eles aprenderam a entender profundamente a natureza de Buck.
Non cercarono di avvicinarsi come avevano fatto Skeet e Nig.
Eles não tentaram se aproximar como Skeet e Nig fizeram.
Ma l'amore di Buck per John Thornton non fece che aumentare con il tempo.
Mas o amor de Buck por John Thornton só se aprofundou com o tempo.
Solo Thornton poteva mettere uno zaino sulla schiena di Buck durante l'estate.
Somente Thornton poderia colocar uma mochila nas costas de Buck no verão.
Buck era disposto a eseguire senza riserve qualsiasi ordine impartito da Thornton.
Tudo o que Thornton ordenava, Buck estava disposto a fazer integralmente.
Un giorno, dopo aver lasciato Dawson per le sorgenti del Tanana,
Um dia, depois de deixarem Dawson em direção às nascentes do Tanana,
il gruppo era seduto su una rupe che scendeva per un metro fino a raggiungere la nuda roccia.

o grupo sentou-se em um penhasco que descia um metro até o leito rochoso nu.
John Thornton si sedette vicino al bordo e Buck si riposò accanto a lui.
John Thornton sentou-se perto da borda, e Buck descansou ao lado dele.
Thornton ebbe un'idea improvvisa e richiamò l'attenzione degli uomini.
Thornton teve um pensamento repentino e chamou a atenção dos homens.
Indicò l'altro lato del baratro e diede a Buck un unico comando.
Ele apontou para o outro lado do abismo e deu a Buck uma única ordem.
"Salta, Buck!" disse, allungando il braccio oltre il precipizio.
"Pule, Buck!" ele disse, balançando o braço sobre o precipício.
Un attimo dopo dovette afferrare Buck, che stava saltando per obbedire.
Num instante, ele teve que agarrar Buck, que estava pulando para obedecer.
Hans e Pete si precipitarono in avanti e tirarono entrambi indietro per metterli in salvo.
Hans e Pete correram e puxaram os dois de volta para um lugar seguro.
Dopo che tutto fu finito e che ebbero ripreso fiato, Pete prese la parola.
Depois que tudo terminou e eles recuperaram o fôlego, Pete falou.
«È un amore straordinario», disse, scosso dalla feroce devozione del cane.
"O amor é estranho", disse ele, abalado pela devoção feroz do cão.
Thornton scosse la testa e rispose con calma e serietà.
Thornton balançou a cabeça e respondeu com calma seriedade.
«No, l'amore è splendido», disse, «ma anche terribile».
"Não, o amor é esplêndido", disse ele, "mas também terrível".

"A volte, devo ammetterlo, questo tipo di amore mi fa paura."
"Às vezes, devo admitir, esse tipo de amor me assusta."
Pete annuì e disse: "Mi dispiacerebbe tanto essere l'uomo che ti tocca".
Pete assentiu e disse: "Eu odiaria ser o homem que toca em você."
Mentre parlava, guardava Buck con aria seria e piena di rispetto.
Ele olhou para Buck enquanto falava, sério e cheio de respeito.
"Py Jingo!" esclamò Hans in fretta. "Neanch'io, no signore."
"Py Jingo!", disse Hans rapidamente. "Eu também não, senhor."

Prima che finisse l'anno, i timori di Pete si avverarono a Circle City.
Antes do ano terminar, os medos de Pete se concretizaram em Circle City.
Un uomo crudele di nome Black Burton attaccò una rissa nel bar.
Um homem cruel chamado Black Burton começou uma briga no bar.
Era arrabbiato e cattivo, e si scagliava contro un novellino.
Ele estava bravo e malicioso, atacando um novato.
John Thornton intervenne, calmo e bonario come sempre.
John Thornton interveio, calmo e bem-humorado como sempre.
Buck giaceva in un angolo, con la testa bassa, e osservava Thornton attentamente.
Buck estava deitado num canto, com a cabeça baixa, observando Thornton atentamente.
Burton colpì all'improvviso e il suo pugno fece girare Thornton.
Burton atacou de repente, e seu soco fez Thornton girar.
Solo la ringhiera della sbarra gli impedì di cadere violentemente a terra.
Somente a grade do bar o impediu de cair com força no chão.

Gli osservatori hanno sentito un suono che non era un abbaio o un guaito
Os observadores ouviram um som que não era latido ou grito
Buck emise un profondo ruggito mentre si lanciava verso l'uomo.
um rugido profundo veio de Buck quando ele se lançou em direção ao homem.
Burton alzò il braccio e per poco non si salvò la vita.
Burton levantou o braço e quase salvou a própria vida.
Buck si schiantò contro di lui, facendolo cadere a terra.
Buck colidiu com ele, derrubando-o no chão.
Buck gli diede un morso profondo al braccio, poi si lanciò alla gola.
Buck mordeu fundo o braço do homem e então investiu contra sua garganta.
Burton riuscì a parare solo in parte e il suo collo fu squarciato.
Burton só conseguiu bloquear parcialmente, e seu pescoço foi rasgado.
Gli uomini si precipitarono dentro, brandendo i manganelli e allontanarono Buck dall'uomo sanguinante.
Homens correram, ergueram cassetetes e expulsaram Buck do homem sangrando.
Un chirurgo ha lavorato rapidamente per impedire che il sangue fuoriuscisse.
Um cirurgião agiu rapidamente para impedir que o sangue vazasse.
Buck camminava avanti e indietro ringhiando, tentando di attaccare ancora e ancora.
Buck andava de um lado para o outro e rosnava, tentando atacar repetidamente.
Soltanto i bastoni oscillanti gli impedirono di raggiungere Burton.
Somente golpes de taco o impediram de chegar até Burton.
Proprio lì, sul posto, venne convocata una riunione dei minatori.

Uma reunião de mineiros foi convocada e realizada ali mesmo.

Concordarono sul fatto che Buck era stato provocato e votarono per liberarlo.

Eles concordaram que Buck havia sido provocado e votaram para libertá-lo.

Ma il nome feroce di Buck risuonava ormai in ogni accampamento dell'Alaska.

Mas o nome feroz de Buck agora ecoava em todos os acampamentos no Alasca.

Più tardi, quello stesso autunno, Buck salvò Thornton di nuovo in un modo nuovo.

Mais tarde naquele outono, Buck salvou Thornton novamente de uma nova maneira.

I tre uomini stavano guidando una lunga barca lungo delle rapide impetuose.

Os três homens estavam guiando um longo barco descendo por corredeiras turbulentas.

Thornton manovrava la barca, gridando indicazioni per raggiungere la riva.

Thornton comandava o barco, dando instruções sobre como chegar à costa.

Hans e Pete correvano sulla terraferma, tenendo una corda da un albero all'altro.

Hans e Pete correram em terra, segurando uma corda de árvore em árvore.

Buck procedeva a passo d'uomo sulla riva, tenendo sempre d'occhio il suo padrone.

Buck manteve o ritmo na margem, sempre observando seu mestre.

In un punto pericoloso, delle rocce sporgevano dall'acqua veloce.

Em um lugar desagradável, pedras se projetavam sob a água rápida.

Hans lasciò andare la cima e Thornton tirò la barca verso la larghezza.

Hans soltou a corda e Thornton desviou o barco para longe.

Hans corse a percorrerla di nuovo, superando le pericolose rocce.
Hans correu para pegar o barco novamente, passando pelas pedras perigosas.
La barca superò la sporgenza ma trovò una corrente più forte.
O barco passou pela saliência, mas atingiu uma parte mais forte da correnteza.
Hans afferrò la cima troppo velocemente e fece perdere l'equilibrio alla barca.
Hans agarrou a corda muito rápido e desequilibrou o barco.
La barca si capovolse e sbatté contro la riva, con la parte inferiore rivolta verso l'alto.
O barco virou e bateu na margem, com a parte de baixo para cima.
Thornton venne scaraventato fuori e trascinato nella parte più selvaggia dell'acqua.
Thornton foi jogado para fora e arrastado para a parte mais selvagem da água.
Nessun nuotatore sarebbe sopravvissuto in quelle acque pericolose e pericolose.
Nenhum nadador poderia sobreviver naquelas águas perigosas e mortais.
Buck si lanciò all'istante e inseguì il suo padrone lungo il fiume.
Buck pulou imediatamente e perseguiu seu mestre rio abaixo.
Dopo trecento metri finalmente raggiunse Thornton.
Depois de trezentos metros, ele finalmente chegou a Thornton.
Thornton afferrò la coda di Buck, e Buck si diresse verso la riva.
Thornton agarrou o rabo de Buck, e Buck se virou em direção à praia.
Nuotò con tutte le sue forze, lottando contro la forte resistenza dell'acqua.
Ele nadou com força total, lutando contra a força violenta da água.

Si spostarono verso valle più velocemente di quanto riuscissero a raggiungere la riva.
Eles se moviam rio abaixo mais rápido do que conseguiam alcançar a costa.
Più avanti, il fiume ruggiva più forte, precipitando in rapide mortali.
À frente, o rio rugia mais alto enquanto caía em corredeiras mortais.
Le rocce fendevano l'acqua come i denti di un enorme pettine.
Pedras cortavam a água como os dentes de um pente enorme.
La forza di attrazione dell'acqua nei pressi del dislivello era selvaggia e ineluttabile.
A atração da água perto da queda era selvagem e inevitável.
Thornton sapeva che non sarebbero mai riusciti a raggiungere la riva in tempo.
Thornton sabia que nunca conseguiriam chegar à costa a tempo.
Raschiò una roccia, ne sbatté una seconda,
Ele raspou uma pedra, quebrou uma segunda,
Poi si schiantò contro una terza roccia, afferrandola con entrambe le mani.
E então ele bateu em uma terceira pedra, agarrando-a com as duas mãos.
Lasciò andare Buck e urlò sopra il ruggito: "Vai, Buck! Vai!"
Ele soltou Buck e gritou por cima do rugido: "Vai, Buck! Vai!"
Buck non riuscì a restare a galla e fu trascinato dalla corrente.
Buck não conseguiu se manter à tona e foi arrastado pela correnteza.
Lottò con tutte le sue forze, cercando di girarsi, ma non fece alcun progresso.
Ele lutou muito, esforçando-se para virar, mas não conseguiu avançar.
Poi sentì Thornton ripetere il comando sopra il fragore del fiume.

Então ele ouviu Thornton repetir o comando acima do rugido do rio.

Buck si impennò fuori dall'acqua e sollevò la testa come per dare un'ultima occhiata.
Buck saiu da água e levantou a cabeça como se fosse dar uma última olhada.

poi si voltò e obbedì, nuotando verso la riva con risolutezza.
então se virou e obedeceu, nadando em direção à margem com determinação.

Pete e Hans lo tirarono a riva all'ultimo momento possibile.
Pete e Hans o puxaram para terra no último momento possível.

Sapevano che Thornton avrebbe potuto aggrapparsi alla roccia solo per pochi minuti.
Eles sabiam que Thornton poderia se agarrar à rocha por apenas mais alguns minutos.

Corsero su per la riva fino a un punto molto più in alto rispetto al punto in cui lui era appeso.
Eles correram até um ponto bem acima de onde ele estava pendurado.

Legarono con cura la cima della barca al collo e alle spalle di Buck.
Eles amarraram cuidadosamente a linha do barco no pescoço e nos ombros de Buck.

La corda era stretta ma abbastanza larga da permettere di respirare e muoversi.
A corda estava justa, mas solta o suficiente para respirar e se movimentar.

Poi lo gettarono di nuovo nel fiume impetuoso e mortale.
Então eles o lançaram novamente no rio caudaloso e mortal.

Buck nuotò coraggiosamente ma non riuscì a prendere l'angolazione giusta per affrontare la forza della corrente.
Buck nadou corajosamente, mas perdeu o ângulo para enfrentar a força da correnteza.

Si accorse troppo tardi che stava per superare Thornton.
Ele viu tarde demais que iria passar por Thornton.

Hans tirò forte la corda, come se Buck fosse una barca che si capovolge.
Hans puxou a corda com força, como se Buck fosse um barco virando.
La corrente lo trascinò sott'acqua e lui scomparve sotto la superficie.
A correnteza o puxou para baixo e ele desapareceu abaixo da superfície.
Il suo corpo colpì la riva prima che Hans e Pete lo tirassero fuori.
Seu corpo atingiu a margem antes que Hans e Pete o resgatassem.
Era mezzo annegato e gli tolsero l'acqua dal corpo.
Ele estava quase afogado, e eles bateram para tirar toda a água dele.
Buck si alzò, barcollò e crollò di nuovo a terra.
Buck se levantou, cambaleou e caiu novamente no chão.
Poi udirono la voce di Thornton portata debolmente dal vento.
Então eles ouviram a voz de Thornton levemente carregada pelo vento.
Sebbene le parole non fossero chiare, sapevano che era vicino alla morte.
Embora as palavras não fossem claras, eles sabiam que ele estava perto da morte.
Il suono della voce di Thornton colpì Buck come una scossa elettrica.
O som da voz de Thornton atingiu Buck como um choque elétrico.
Saltò in piedi e corse su per la riva, tornando al punto di partenza.
Ele pulou e correu pela margem, retornando ao ponto de lançamento.
Legarono di nuovo la corda a Buck, e di nuovo lui entrò nel fiume.
Novamente amarraram a corda em Buck, e novamente ele entrou no riacho.

Questa volta nuotò direttamente e con decisione nell'acqua impetuosa.
Desta vez, ele nadou direta e firmemente para a água corrente.

Hans lasciò scorrere la corda con regolarità, mentre Pete impediva che si aggrovigliasse.
Hans soltou a corda com firmeza enquanto Pete evitava que ela se enrolasse.

Buck nuotò con forza finché non si trovò allineato appena sopra Thornton.
Buck nadou com força até ficar alinhado logo acima de Thornton.

Poi si voltò e si lanciò verso di lui come un treno a tutta velocità.
Então ele se virou e avançou como um trem em alta velocidade.

Thornton lo vide arrivare, si preparò e gli abbracciò il collo.
Thornton o viu chegando, preparou-se e colocou os braços em volta do seu pescoço.

Hans legò saldamente la corda attorno a un albero mentre entrambi venivano tirati sott'acqua.
Hans amarrou a corda firmemente em uma árvore enquanto ambos eram puxados para baixo.

Caddero sott'acqua, schiantandosi contro rocce e detriti del fiume.
Eles caíram debaixo d'água, batendo em pedras e detritos do rio.

Un attimo prima Buck era in cima e un attimo dopo Thornton si alzava ansimando.
Num momento Buck estava no topo, no outro Thornton se levantou ofegante.

Malconci e soffocati, si diressero verso la riva e si misero in salvo.
Espancados e sufocados, eles se desviaram para a margem e para a segurança.

Thornton riprese conoscenza mentre era sdraiato su un tronco alla deriva.
Thornton recuperou a consciência, deitado sobre um tronco.

Hans e Pete lavorarono duramente per riportarlo a respirare e a vivere.
Hans e Pete trabalharam duro para trazer de volta o fôlego e a vida.

Il suo primo pensiero fu per Buck, che giaceva immobile e inerte.
Seu primeiro pensamento foi para Buck, que estava imóvel e mole.

Nig ululò sul corpo di Buck e Skeet gli leccò delicatamente il viso.
Nig uivou sobre o corpo de Buck, e Skeet lambeu seu rosto gentilmente.

Thornton, dolorante e contuso, esaminò Buck con mano attenta.
Thornton, dolorido e machucado, examinou Buck com mãos cuidadosas.

Ha trovato tre costole rotte, ma il cane non presentava ferite mortali.
Ele encontrou três costelas quebradas, mas nenhum ferimento mortal no cachorro.

"Questo è tutto", disse Thornton. "Ci accamperemo qui". E così fecero.
"Isso resolve", disse Thornton. "Acampamos aqui." E assim fizeram.

Rimasero lì finché le costole di Buck non guarirono e lui poté di nuovo camminare.
Eles ficaram até que as costelas de Buck sarassem e ele pudesse andar novamente.

Quell'inverno Buck compì un'impresa che accrebbe ulteriormente la sua fama.
Naquele inverno, Buck realizou um feito que aumentou ainda mais sua fama.

Fu un gesto meno eroico del salvataggio di Thornton, ma altrettanto impressionante.
Foi menos heróico do que salvar Thornton, mas igualmente impressionante.

A Dawson, i soci avevano bisogno di provviste per un viaggio lontano.
Em Dawson, os parceiros precisavam de suprimentos para uma viagem distante.

Volevano viaggiare verso est, in terre selvagge e incontaminate.
Eles queriam viajar para o leste, para terras selvagens intocadas.

Quel viaggio fu possibile grazie all'impresa compiuta da Buck nell'Eldorado Saloon.
A ação de Buck no Eldorado Saloon tornou essa viagem possível.

Tutto cominciò con degli uomini che si vantavano dei loro cani bevendo qualcosa.
Tudo começou com homens se gabando de seus cachorros enquanto bebiam.

La fama di Buck lo rese bersaglio di sfide e dubbi.
A fama de Buck fez dele alvo de desafios e dúvidas.

Thornton, fiero e calmo, rimase fermo nel difendere il nome di Buck.
Thornton, orgulhoso e calmo, permaneceu firme na defesa do nome de Buck.

Un uomo ha affermato che il suo cane riusciva a trainare facilmente duecentocinquanta chili.
Um homem disse que seu cachorro conseguia puxar duzentos quilos com facilidade.

Un altro disse seicento, e un terzo si vantò di settecento.
Outro disse seiscentos, e um terceiro se gabou de setecentos.

"Pfft!" disse John Thornton, "Buck può trainare una slitta da mille libbre."
"Pfft!" disse John Thornton, "Buck consegue puxar um trenó de 450 quilos."

Matthewson, un Bonanza King, si sporse in avanti e lo sfidò.
Matthewson, um Rei Bonanza, inclinou-se para frente e o desafiou.

"Pensi che possa spostare tutto quel peso?"

"Você acha que ele consegue colocar tanto peso em movimento?"
"E pensi che riesca a sollevare il peso per cento metri?"
"E você acha que ele consegue puxar o peso por cem metros inteiros?"
Thornton rispose freddamente: "Sì. Buck è abbastanza cane da farlo."
Thornton respondeu friamente: "Sim. Buck é cachorro o suficiente para fazer isso."
"Metterà in moto mille libbre e la tirerà per cento metri."
"Ele coloca 450 quilos em movimento e puxa por cem metros."
Matthewson sorrise lentamente e si assicurò che tutti gli uomini udissero le sue parole.
Matthewson sorriu lentamente e fez questão de que todos os homens ouvissem suas palavras.
"Ho mille dollari che dicono che non può. Eccoli."
"Tenho mil dólares que dizem que ele não pode. Aí está."
Sbatté sul bancone un sacco di polvere d'oro grande quanto una salsiccia.
Ele jogou um saco de pó de ouro do tamanho de uma salsicha no balcão.
Nessuno disse una parola. Il silenzio si fece pesante e teso intorno a loro.
Ninguém disse uma palavra. O silêncio tornou-se pesado e tenso ao redor deles.
Il bluff di Thornton, se mai lo fu, era stato preso sul serio.
O blefe de Thornton — se é que houve algum — foi levado a sério.
Sentì il calore salirgli al viso mentre il sangue gli affluiva alle guance.
Ele sentiu o calor subir ao seu rosto enquanto o sangue subia às suas bochechas.
In quel momento la sua lingua aveva preceduto la ragione.
Sua língua se antecipou à razão naquele momento.
Non sapeva davvero se Buck sarebbe riuscito a spostare mille libbre.

Ele realmente não sabia se Buck conseguiria movimentar mil libras.

Mezza tonnellata! Solo la sua mole gli faceva sentire il cuore pesante.

Meia tonelada! Só o tamanho já fazia seu coração pesar.

Aveva fiducia nella forza di Buck e lo riteneva capace.

Ele tinha fé na força de Buck e o considerava capaz.

Ma non aveva mai affrontato una sfida di questo tipo, non in questo modo.

Mas ele nunca havia enfrentado esse tipo de desafio, não desse jeito.

Una dozzina di uomini lo osservavano in silenzio, in attesa di vedere cosa avrebbe fatto.

Uma dúzia de homens o observava em silêncio, esperando para ver o que ele faria.

Lui non aveva i soldi, e nemmeno Hans e Pete.

Ele não tinha dinheiro, nem Hans nem Pete.

"Ho una slitta fuori", disse Matthewson in modo freddo e diretto.

"Tenho um trenó lá fora", disse Matthewson friamente e diretamente.

"È carico di venti sacchi, da cinquanta libbre ciascuno, tutti di farina.

"Está carregado com vinte sacos de cinquenta libras cada, tudo farinha.

Quindi non lasciare che la scomparsa della slitta diventi la tua scusa", ha aggiunto.

Então não deixe que um trenó perdido seja sua desculpa agora", acrescentou.

Thornton rimase in silenzio. Non sapeva che parole dire.

Thornton ficou em silêncio. Não sabia que palavras dizer.

Guardò i volti intorno a sé senza vederli chiaramente.

Ele olhou para os rostos sem vê-los claramente.

Sembrava un uomo immerso nei suoi pensieri, che cercava di ripartire.

Ele parecia um homem congelado em pensamentos, tentando recomeçar.

Poi incontrò Jim O'Brien, un amico dei tempi dei Mastodon.
Então ele viu Jim O'Brien, um amigo dos tempos do Mastodon.

Quel volto familiare gli diede un coraggio che non sapeva di avere.
Aquele rosto familiar lhe deu uma coragem que ele não sabia que tinha.

Si voltò e chiese a bassa voce: "Puoi prestarmi mille dollari?"
Ele se virou e perguntou em voz baixa: "Você pode me emprestar mil?"

"Certo", disse O'Brien, lasciando cadere un pesante sacco vicino all'oro.
"Claro", disse O'Brien, deixando cair um saco pesado perto do ouro.

"Ma sinceramente, John, non credo che la bestia possa fare questo."
"Mas, sinceramente, John, não acredito que a fera possa fazer isso."

Tutti quelli presenti all'Eldorado Saloon si precipitarono fuori per assistere all'evento.
Todos no Eldorado Saloon correram para fora para ver o evento.

Lasciarono tavoli e bevande e perfino le partite furono sospese.
Eles deixaram mesas e bebidas, e até os jogos foram pausados.

Croupier e giocatori accorsero per assistere alla conclusione di questa audace scommessa.
Crupiês e apostadores vieram testemunhar o fim daquela aposta ousada.

Centinaia di persone si radunarono attorno alla slitta sulla strada ghiacciata.
Centenas de pessoas se reuniram ao redor do trenó na rua gelada.

La slitta di Matthewson era carica di un carico completo di sacchi di farina.
O trenó de Matthewson estava carregado de sacos de farinha.

La slitta era rimasta ferma per ore a temperature sotto lo zero.
O trenó ficou parado por horas em temperaturas negativas.
I pattini della slitta erano congelati e incollati alla neve compatta.
Os patins do trenó estavam congelados na neve compactada.
Gli uomini scommettevano due a uno che Buck non sarebbe riuscito a spostare la slitta.
Os homens deram chances de dois para um de que Buck não conseguiria mover o trenó.
Scoppiò una disputa su cosa significasse realmente "break out".
Surgiu uma disputa sobre o que "sair" realmente significava.
O'Brien ha affermato che Thornton dovrebbe allentare la base ghiacciata della slitta.
O'Brien disse que Thornton deveria soltar a base congelada do trenó.
Buck potrebbe quindi "rompere" una partenza solida e immobile.
Buck poderia então "sair" de um início sólido e imóvel.
Matthewson sosteneva che anche il cane doveva liberare i corridori.
Matthewson argumentou que o cão também deve libertar os corredores.
Gli uomini che avevano sentito la scommessa concordavano con Matthewson.
Os homens que ouviram a aposta concordaram com a opinião de Matthewson.
Con questa sentenza, le probabilità contro Buck salirono a tre a uno.
Com essa decisão, as probabilidades saltaram para três para um contra Buck.
Nessuno si fece avanti per accettare le crescenti quote di tre a uno.
Ninguém se apresentou para aproveitar as crescentes probabilidades de três para um.

Nessuno credeva che Buck potesse compiere la grande impresa.
Nenhum homem acreditou que Buck conseguiria realizar o grande feito.
Thornton era stato spinto a scommettere, pieno di dubbi.
Thornton foi levado às pressas para a aposta, cheio de dúvidas.
Ora guardava la slitta e la muta di dieci cani accanto ad essa.
Agora ele olhava para o trenó e para a equipe de dez cães ao lado dele.
Vedere la realtà del compito lo faceva sembrare ancora più impossibile.
Ver a realidade da tarefa fez com que ela parecesse ainda mais impossível.
In quel momento Matthewson era pieno di orgoglio e sicurezza.
Matthewson estava cheio de orgulho e confiança naquele momento.
"Tre a uno!" urlò. "Ne scommetto altri mille, Thornton!
"Três contra um!", gritou ele. "Aposto mais mil, Thornton!
"Cosa dici?" aggiunse, abbastanza forte da farsi sentire da tutti.
O que você diz?" ele acrescentou, alto o suficiente para todos ouvirem.
Il volto di Thornton esprimeva i suoi dubbi, ma il suo spirito era sollevato.
O rosto de Thornton mostrava suas dúvidas, mas seu espírito estava elevado.
Quello spirito combattivo ignorava le avversità e non temeva nulla.
Esse espírito de luta ignorou as probabilidades e não temeu nada.
Chiamò Hans e Pete perché portassero tutti i loro soldi al tavolo.
Ele chamou Hans e Pete para trazerem todo o dinheiro para a mesa.

Non gli era rimasto molto altro: solo duecento dollari in tutto.
Eles tinham pouco mais: apenas duzentos dólares no total.
Questa piccola somma costituiva la loro intera fortuna nei momenti difficili.
Essa pequena quantia era toda a sua fortuna durante os tempos difíceis.
Ciononostante puntarono tutta la loro fortuna contro la scommessa di Matthewson.
Mesmo assim, eles apostaram toda a fortuna contra Matthewson.
La muta composta da dieci cani venne sganciata e allontanata dalla slitta.
O grupo de dez cães foi desatrelado e se afastou do trenó.
Buck venne messo alle redini, indossando la sua consueta imbracatura.
Buck foi colocado nas rédeas, usando seu arreio familiar.
Aveva colto l'energia della folla e ne aveva percepito la tensione.
Ele captou a energia da multidão e sentiu a tensão.
In qualche modo sapeva che doveva fare qualcosa per John Thornton.
De alguma forma, ele sabia que tinha que fazer algo por John Thornton.
La gente mormorava ammirata di fronte alla figura fiera del cane.
As pessoas murmuravam com admiração diante da figura orgulhosa do cão.
Era magro e forte, senza un solo grammo di carne in più.
Ele era magro e forte, sem um único grama de carne extra.
Il suo peso di centocinquanta chili era sinonimo di potenza e resistenza.
Seu peso total de cento e cinquenta libras era pura força e resistência.
Il mantello di Buck brillava come la seta, denso di salute e forza.
O pelo de Buck brilhava como seda, espesso, saudável e forte.

La pelliccia sul collo e sulle spalle sembrava sollevarsi e drizzarsi.
Os pelos ao longo do pescoço e dos ombros dele pareciam se levantar e eriçar.
La sua criniera si muoveva leggermente, ogni capello era animato dalla sua grande energia.
Sua juba se movia levemente, cada fio de cabelo transbordando de sua grande energia.
Il suo petto ampio e le sue gambe forti si sposavano bene con la sua corporatura pesante e robusta.
Seu peito largo e pernas fortes combinavam com sua estrutura pesada e resistente.
I muscoli si tesero sotto il cappotto, tesi e sodi come ferro legato.
Os músculos ondulavam sob seu casaco, tensos e firmes como ferro.
Gli uomini lo toccavano e giuravano che era fatto come una macchina d'acciaio.
Os homens o tocaram e juraram que ele era construído como uma máquina de aço.
Le probabilità contro il grande cane sono scese leggermente a due a uno.
As probabilidades caíram ligeiramente para duas para uma contra o grande cão.
Un uomo dei banchi di Skookum si fece avanti balbettando.
Um homem dos Skookum Benches avançou, gaguejando.
"Bene, signore! Offro ottocento per lui... prima della prova, signore!"
— Ótimo, senhor! Ofereço oitocentos por ele... antes do teste, senhor!
"Ottocento, così com'è adesso!" insistette l'uomo.
"Oitocentos, pelo valor que ele tem agora!", insistiu o homem.
Thornton fece un passo avanti, sorrise e scosse la testa con calma.
Thornton deu um passo à frente, sorriu e balançou a cabeça calmamente.

Matthewson intervenne rapidamente con tono ammonitore e aggrottando la fronte.
Matthewson interveio rapidamente com uma voz de advertência e uma carranca.
"Devi allontanarti da lui", disse. "Dagli spazio."
"Você precisa se afastar dele", disse ele. "Dê espaço a ele."
La folla tacque; solo i giocatori continuavano a offrire due a uno.
A multidão ficou em silêncio; apenas os apostadores ainda ofereciam apostas de dois para um.
Tutti ammiravano la corporatura di Buck, ma il carico sembrava troppo pesante.
Todos admiravam o porte físico de Buck, mas a carga parecia grande demais.
Venti sacchi di farina, ciascuno del peso di cinquanta libbre, sembravano decisamente troppi.
Vinte sacos de farinha — cada um pesando vinte e cinco quilos — pareciam muito.
Nessuno era disposto ad aprire la borsa e a rischiare i propri soldi.
Ninguém estava disposto a abrir a bolsa e arriscar seu dinheiro.
Thornton si inginocchiò accanto a Buck e gli prese la testa tra entrambe le mani.
Thornton se ajoelhou ao lado de Buck e segurou sua cabeça com as duas mãos.
Premette la guancia contro quella di Buck e gli parlò all'orecchio.
Ele pressionou sua bochecha contra a de Buck e falou em seu ouvido.
Non c'erano più né scossoni giocosi né insulti affettuosi sussurrati.
Agora não havia mais apertos de mão brincalhões nem insultos carinhosos sussurrados.
Mormorò solo dolcemente: "Quanto mi ami, Buck."
Ele apenas murmurou suavemente: "Tanto quanto você me ama, Buck."

Buck emise un gemito sommesso, trattenendo a stento la sua impazienza.
Buck soltou um gemido baixo, sua ânsia mal contida.
Gli astanti osservavano con curiosità la tensione che aleggiava nell'aria.
Os espectadores observavam com curiosidade enquanto a tensão preenchia o ar.
Quel momento sembrava quasi irreale, qualcosa che trascendeva la ragione.
O momento parecia quase irreal, como algo além da razão.
Quando Thornton si alzò, Buck gli prese delicatamente la mano tra le fauci.
Quando Thornton se levantou, Buck gentilmente pegou sua mão entre suas mandíbulas.
Premette con i denti, poi lasciò andare lentamente e delicatamente.
Ele pressionou com os dentes e depois soltou lenta e gentilmente.
Fu una risposta silenziosa d'amore, non detta, ma compresa.
Foi uma resposta silenciosa de amor, não falada, mas compreendida.
Thornton si allontanò di molto dal cane e diede il segnale.
Thornton se afastou bem do cachorro e deu o sinal.
"Ora, Buck", disse, e Buck rispose con calma concentrata.
"Agora, Buck", ele disse, e Buck respondeu com calma e foco.
Buck tese le corde, poi le allentò di qualche centimetro.
Buck apertou os trilhos e depois os afrouxou alguns centímetros.
Questo era il metodo che aveva imparato; il suo modo per rompere la slitta.
Esse era o método que ele havia aprendido; sua maneira de quebrar o trenó.
"Caspita!" urlò Thornton, con voce acuta nel silenzio pesante.
"Nossa!" Thornton gritou, sua voz aguda no silêncio pesado.
Buck si girò verso destra e si lanciò con tutto il suo peso.
Buck virou para a direita e investiu com todo o seu peso.

Il gioco svanì e tutta la massa di Buck colpì le timonerie strette.
A folga desapareceu, e toda a massa de Buck atingiu os trilhos apertados.
La slitta tremò e i pattini produssero un suono secco e scoppiettante.
O trenó tremeu, e os patins fizeram um som de estalo.
"Haw!" ordinò Thornton, cambiando di nuovo direzione a Buck.
"Haw!" Thornton ordenou, mudando novamente a direção de Buck.
Buck ripeté la mossa, questa volta tirando bruscamente verso sinistra.
Buck repetiu o movimento, dessa vez puxando bruscamente para a esquerda.
La slitta scricchiolava più forte, i pattini schioccavano e si spostavano.
O trenó estalava mais alto, os patins estalavam e se deslocavam.
Il pesante carico scivolò leggermente di lato sulla neve ghiacciata.
A carga pesada deslizou ligeiramente para o lado na neve congelada.
La slitta si era liberata dalla presa del sentiero ghiacciato!
O trenó se soltou das garras da trilha gelada!
Gli uomini trattennero il respiro, inconsapevoli di non stare nemmeno respirando.
Os homens prenderam a respiração, sem perceber que nem estavam respirando.
"Ora, TIRA!" gridò Thornton nel silenzio glaciale.
"Agora, PUXE!" Thornton gritou através do silêncio congelado.
Il comando di Thornton risuonò netto, come lo schiocco di una frusta.
O comando de Thornton soou agudo, como o estalo de um chicote.
Buck si lanciò in avanti con un affondo violento e violento.

Buck se lançou para frente com um golpe violento e brusco.
Tutto il suo corpo si irrigidì e si contrasse sotto l'enorme sforzo.
Todo o seu corpo ficou tenso e encolhido devido ao esforço intenso.
I muscoli si muovevano sotto la pelliccia come serpenti che prendevano vita.
Os músculos ondulavam sob seu pelo como serpentes ganhando vida.
Il suo grande petto era basso e la testa era protesa in avanti verso la slitta.
Seu grande peito estava baixo e sua cabeça estava esticada para frente, em direção ao trenó.
Le sue zampe si muovevano come fulmini e gli artigli fendevano il terreno ghiacciato.
Suas patas se moviam como relâmpagos, garras cortando o chão congelado.
I solchi erano profondi mentre lottava per ogni centimetro di trazione.
Os sulcos foram profundos enquanto ele lutava por cada centímetro de tração.
La slitta ondeggiò, tremò e cominciò a muoversi lentamente e in modo inquieto.
O trenó balançou, tremeu e começou um movimento lento e desconfortável.
Un piede scivolò e un uomo tra la folla gemette ad alta voce.
Um pé escorregou, e um homem na multidão gemeu alto.
Poi la slitta si lanciò in avanti con un movimento brusco e a scatti.
Então o trenó avançou num movimento brusco e brusco.
Non si fermò più: mezzo pollice...un pollice...cinque pollici in più.
E não parou mais — mais um centímetro...um centímetro...cinco centímetros.
Gli scossoni si fecero più lievi man mano che la slitta cominciava ad acquistare velocità.

Os solavancos diminuíram à medida que o trenó começou a ganhar velocidade.

Presto Buck cominciò a tirare con una potenza fluida e uniforme.

Logo Buck estava puxando com uma força suave e uniforme.

Gli uomini sussultarono e finalmente si ricordarono di respirare di nuovo.

Os homens ofegaram e finalmente se lembraram de respirar novamente.

Non si erano accorti che il loro respiro si era fermato per lo stupore.

Eles não perceberam que pararam de respirar devido ao espanto.

Thornton gli corse dietro, gridando comandi brevi e allegri.

Thornton correu atrás, gritando comandos curtos e alegres.

Davanti a noi c'era una catasta di legna da ardere che segnava la distanza.

À frente havia uma pilha de lenha que marcava a distância.

Mentre Buck si avvicinava al mucchio, gli applausi diventavano sempre più forti.

À medida que Buck se aproximava da pilha, os aplausos ficavam cada vez mais altos.

Gli applausi crebbero fino a diventare un boato quando Buck superò il traguardo.

A torcida aumentou e virou um rugido quando Buck passou do ponto final.

Gli uomini saltarono e gridarono, perfino Matthewson sorrise.

Homens pularam e gritaram, até Matthewson abriu um sorriso.

I cappelli volavano in aria e i guanti venivano lanciati senza pensarci o mirare.

Chapéus voavam no ar, luvas eram atiradas sem pensar ou mirar.

Gli uomini si afferrarono e si strinsero la mano senza sapere chi.

Os homens se agarravam e apertavam as mãos sem saber quem era.
Tutta la folla era in delirio, in un tripudio di gioia e di entusiasmo.
A multidão inteira vibrava em uma celebração selvagem e alegre.
Thornton cadde in ginocchio accanto a Buck con le mani tremanti.
Thornton caiu de joelhos ao lado de Buck com as mãos trêmulas.
Premette la testa contro quella di Buck e lo scosse delicatamente avanti e indietro.
Ele pressionou a cabeça contra a de Buck e o sacudiu gentilmente para frente e para trás.
Chi si avvicinava lo sentiva maledire il cane con amore silenzioso.
Aqueles que se aproximaram ouviram-no amaldiçoar o cão com amor silencioso.
Imprecò a lungo contro Buck, con dolcezza, calore, emozione.
Ele xingou Buck por um longo tempo — suavemente, calorosamente, com emoção.
"Bene, signore! Bene, signore!" esclamò di corsa il re della panchina di Skookum.
"Bom, senhor! Bom, senhor!", gritou o rei do Banco Skookum apressadamente.
"Le darò mille, anzi milleduecento, per quel cane, signore!"
"Eu lhe darei mil — não, mil e duzentos — por esse cachorro, senhor!"
Thornton si alzò lentamente in piedi, con gli occhi brillanti di emozione.
Thornton levantou-se lentamente, com os olhos brilhando de emoção.
Le lacrime gli rigavano le guance senza alcuna vergogna.
Lágrimas escorriam abertamente por suas bochechas, sem nenhuma vergonha.

"Signore", disse al re della panchina di Skookum, con fermezza e fermezza

"Senhor", disse ele ao rei do Banco Skookum, firme e constante

"No, signore. Può andare all'inferno, signore. Questa è la mia risposta definitiva."

"Não, senhor. Pode ir para o inferno, senhor. Essa é a minha resposta final."

Buck afferrò delicatamente la mano di Thornton tra le sue forti mascelle.

Buck agarrou a mão de Thornton gentilmente com suas mandíbulas fortes.

Thornton lo scosse scherzosamente; il loro legame era più profondo che mai.

Thornton o sacudiu de brincadeira, seu vínculo era profundo como sempre.

La folla, commossa dal momento, fece un passo indietro in silenzio.

A multidão, comovida com o momento, recuou em silêncio.

Da quel momento in poi nessuno osò più interrompere un affetto così sacro.

A partir de então, ninguém ousou interromper tal afeição sagrada.

Il suono della chiamata
O Som do Chamado

Buck aveva guadagnato milleseicento dollari in cinque minuti.
Buck ganhou mil e seiscentos dólares em cinco minutos.
Il denaro permise a John Thornton di saldare alcuni dei suoi debiti.
O dinheiro permitiu que John Thornton pagasse algumas de suas dívidas.
Con il resto del denaro si diresse verso est insieme ai suoi soci.
Com o resto do dinheiro, ele foi para o Leste com seus sócios.
Cercarono una leggendaria miniera perduta, antica quanto il paese stesso.
Eles procuraram uma lendária mina perdida, tão antiga quanto o próprio país.
Molti uomini avevano cercato la miniera, ma pochi l'avevano trovata.
Muitos homens procuraram a mina, mas poucos a encontraram.
Molti uomini erano scomparsi durante la pericolosa ricerca.
Mais do que alguns homens desapareceram durante a perigosa busca.
Questa miniera perduta era avvolta nel mistero e nella vecchia tragedia.
Esta mina perdida estava envolta em mistério e tragédia antiga.
Nessuno sapeva chi fosse stato il primo uomo a scoprire la miniera.
Ninguém sabia quem havia sido o primeiro homem a encontrar a mina.
Le storie più antiche non menzionano nessuno per nome.
As histórias mais antigas não mencionam ninguém pelo nome.
Lì c'era sempre stata una vecchia capanna fatiscente.
Sempre houve uma cabana antiga e em ruínas ali.

I moribondi avevano giurato che vicino a quella vecchia capanna ci fosse una miniera.
Homens moribundos juraram que havia uma mina ao lado daquela velha cabana.
Hanno dimostrato le loro storie con un oro che non ha eguali altrove.
Eles provaram suas histórias com ouro como nenhum outro foi encontrado em nenhum outro lugar.
Nessuna anima viva aveva mai saccheggiato il tesoro da quel luogo.
Nenhuma alma viva jamais havia saqueado o tesouro daquele lugar.
I morti erano morti e i morti non raccontano storie.
Os mortos estavam mortos, e homens mortos não contam histórias.
Così Thornton e i suoi amici si diressero verso Est.
Então Thornton e seus amigos seguiram para o Leste.
Si unirono a noi Pete e Hans, portando con sé Buck e sei cani robusti.
Pete e Hans se juntaram, trazendo Buck e seis cães fortes.
Si avviarono lungo un sentiero sconosciuto dove altri avevano fallito.
Eles partiram por uma trilha desconhecida onde outros falharam.
Percorsero in slitta settanta miglia lungo il fiume Yukon ghiacciato.
Eles desceram de trenó por 112 quilômetros pelo congelado Rio Yukon.
Girarono a sinistra e seguirono il sentiero verso lo Stewart.
Eles viraram à esquerda e seguiram a trilha até o Stewart.
Superarono il Mayo e il McQuestion e proseguirono oltre.
Eles passaram pelo Mayo e pelo McQuestion e continuaram avançando.
Lo Stewart si restringeva fino a diventare un ruscello, infilandosi tra cime frastagliate.
O Stewart encolheu até virar um riacho, passando por picos irregulares.

Queste vette aguzze rappresentavano la spina dorsale del continente.
Esses picos agudos marcavam a espinha dorsal do continente.
John Thornton pretendeva poco dagli uomini e dalla terra selvaggia.
John Thornton exigia pouco dos homens ou das terras selvagens.
Non temeva nulla della natura e affrontava la natura selvaggia con disinvoltura.
Ele não temia nada na natureza e enfrentava a vida selvagem com facilidade.
Con solo del sale e un fucile poteva viaggiare dove voleva.
Com apenas sal e um rifle, ele podia viajar para onde quisesse.
Come gli indigeni, durante il viaggio cacciava per procurarsi il cibo.
Assim como os nativos, ele caçava para comer enquanto viajava.
Se non prendeva nulla, continuava ad andare avanti, confidando nella fortuna che lo attendeva.
Se não pegasse nada, ele continuava, confiando na sorte.
Durante questo lungo viaggio, la carne era l'alimento principale di cui si nutrivano.
Nessa longa jornada, a carne era a principal coisa que eles comiam.
La slitta trasportava attrezzi e munizioni, ma non c'era un orario preciso.
O trenó continha ferramentas e munição, mas não havia um cronograma rígido.
Buck amava questo vagabondare, la caccia e la pesca senza fine.
Buck adorava essa peregrinação; a caça e a pesca sem fim.
Per settimane viaggiarono senza sosta, giorno dopo giorno.
Durante semanas eles viajaram dia após dia.
Altre volte si accampavano e restavano fermi per settimane.
Outras vezes eles montavam acampamentos e ficavam parados por semanas.

I cani riposarono mentre gli uomini scavavano nel terreno ghiacciato.
Os cães descansaram enquanto os homens cavavam a terra congelada.
Scaldavano le padelle sul fuoco e cercavano l'oro nascosto.
Eles esquentavam panelas no fogo e procuravam ouro escondido.
C'erano giorni in cui pativano la fame, altri in cui banchettavano.
Em alguns dias eles passavam fome, em outros faziam festas.
Il loro pasto dipendeva dalla selvaggina e dalla fortuna della caccia.
Suas refeições dependiam da caça e da sorte da caçada.
Con l'arrivo dell'estate, uomini e cani caricavano carichi sulle spalle.
Quando o verão chegou, homens e cães carregaram cargas nas costas.
Fecero rafting sui laghi azzurri nascosti nelle foreste di montagna.
Eles fizeram rafting em lagos azuis escondidos em florestas montanhosas.
Navigavano su imbarcazioni sottili su fiumi che nessun uomo aveva mai mappato.
Eles navegavam em barcos estreitos em rios que nenhum homem jamais havia mapeado.
Quelle barche venivano costruite con gli alberi che avevano segato in natura.
Esses barcos foram construídos com árvores que eles mesmos serraram na natureza.

Passarono i mesi e loro viaggiarono attraverso terre selvagge e sconosciute.
Os meses se passaram e eles serpentearam pelas terras selvagens e desconhecidas.
Non c'erano uomini lì, ma vecchie tracce lasciavano intendere che alcuni di loro fossero presenti.

Não havia homens lá, mas vestígios antigos indicavam que havia homens.
Se la Capanna Perduta fosse esistita davvero, allora altre persone in passato erano passate da lì.
Se a Cabana Perdida fosse real, então outros já teriam passado por aqui.
Attraversavano passi alti durante le bufere di neve, anche d'estate.
Eles atravessaram passagens altas em meio a nevascas, mesmo durante o verão.
Rabbrividivano sotto il sole di mezzanotte sui pendii brulli delle montagne.
Eles tremiam sob o sol da meia-noite nas encostas áridas das montanhas.
Tra il limite degli alberi e i campi di neve, salivano lentamente.
Entre a linha das árvores e os campos de neve, eles escalaram lentamente.
Nelle valli calde, scacciavano nuvole di moscerini e mosche.
Em vales quentes, eles espantavam nuvens de mosquitos e moscas.
Raccolsero bacche dolci vicino ai ghiacciai nel pieno della fioritura estiva.
Eles colhiam frutas doces perto de geleiras em plena floração do verão.
I fiori che trovarono erano belli quanto quelli del Southland.
As flores que encontraram eram tão lindas quanto as do Sul.
Quell'autunno giunsero in una regione solitaria piena di laghi silenziosi.
Naquele outono, eles chegaram a uma região solitária cheia de lagos silenciosos.
La terra era triste e vuota, un tempo brulicava di uccelli e animali.
A terra estava triste e vazia, antes repleta de pássaros e animais.
Ora non c'era più vita, solo il vento e il ghiaccio che si formava nelle pozze.

Agora não havia vida, apenas vento e gelo se formando em poças.
Le onde lambivano le rive deserte con un suono dolce e lugubre.
As ondas batiam nas praias vazias com um som suave e triste.

Arrivò un altro inverno e loro seguirono di nuovo deboli e vecchi sentieri.
Chegou outro inverno, e eles seguiram novamente trilhas antigas e tênues.
Erano le tracce di uomini che avevano cercato molto prima di loro.
Essas eram as trilhas de homens que haviam procurado muito antes deles.
Una volta trovarono un sentiero che si inoltrava nel profondo della foresta oscura.
Certa vez, eles encontraram um caminho aberto bem fundo na floresta escura.
Era un vecchio sentiero e sentivano che la baita perduta era vicina.
Era uma trilha antiga, e eles sentiram que a cabana perdida estava próxima.
Ma il sentiero non portava da nessuna parte e si perdeva nel fitto del bosco.
Mas a trilha não levava a lugar nenhum e desaparecia na mata fechada.
Nessuno sapeva chi avesse tracciato il sentiero e perché lo avesse fatto.
Ninguém sabia quem fez a trilha e por que a fez.
Più tardi trovarono i resti di una capanna nascosta tra gli alberi.
Mais tarde, eles encontraram os destroços de uma cabana escondida entre as árvores.
Coperte marce erano sparse dove un tempo qualcuno aveva dormito.
Cobertores apodrecidos estavam espalhados onde alguém dormiu.

John Thornton trovò sepolto all'interno un fucile a pietra focaia a canna lunga.
John Thornton encontrou uma espingarda de pederneira de cano longo enterrada lá dentro.
Sapeva fin dai primi tempi che si trattava di un cannone della Hudson Bay.
Ele sabia que esta era uma arma da Baía de Hudson desde os primeiros dias de negociação.
A quei tempi, tali armi venivano barattate con pile di pelli di castoro.
Naquela época, essas armas eram trocadas por pilhas de peles de castor.
Questo era tutto: non rimaneva alcuna traccia dell'uomo che aveva costruito la loggia.
Isso foi tudo: não sobrou nenhuma pista do homem que construiu o chalé.

Arrivò di nuovo la primavera e non trovarono traccia della Capanna Perduta.
A primavera chegou novamente, e eles não encontraram sinal da Cabana Perdida.
Invece trovarono un'ampia valle con un ruscello poco profondo.
Em vez disso, eles encontraram um vale amplo com um riacho raso.
L'oro si stendeva sul fondo della pentola come burro giallo e liscio.
O ouro cobria o fundo das panelas como manteiga amarela e lisa.
Si fermarono lì e non cercarono oltre la cabina.
Eles pararam ali e não procuraram mais pela cabana.
Ogni giorno lavoravano e ne trovavano migliaia di pezzi in polvere d'oro.
A cada dia eles trabalhavam e encontravam milhares em pó de ouro.
Confezionarono l'oro in sacchi di pelle di alce, da cinquanta libbre ciascuno.

Eles embalaram o ouro em sacos de couro de alce, pesando cinquenta libras cada.

I sacchi erano accatastati come legna da ardere fuori dal loro piccolo rifugio.

As sacolas estavam empilhadas como lenha do lado de fora de sua pequena cabana.

Lavoravano come giganti e i giorni trascorrevano veloci come sogni.

Eles trabalharam como gigantes, e os dias passaram como sonhos rápidos.

Accumularono tesori mentre gli infiniti giorni trascorrevano rapidamente.

Eles acumularam tesouros à medida que os dias intermináveis passavam rapidamente.

I cani avevano ben poco da fare, se non trasportare la carne di tanto in tanto.

Havia pouco que os cães pudessem fazer, exceto carregar carne de vez em quando.

Thornton cacciò e uccise la selvaggina, mentre Buck si sdraiò accanto al fuoco.

Thornton caçava e matava a caça, e Buck deitava-se perto do fogo.

Trascorse lunghe ore in silenzio, perso nei pensieri e nei ricordi.

Ele passou longas horas em silêncio, perdido em pensamentos e memórias.

L'immagine dell'uomo peloso tornava sempre più spesso alla mente di Buck.

A imagem do homem peludo surgia com mais frequência na mente de Buck.

Ora che il lavoro scarseggiava, Buck sognava mentre sbatteva le palpebre verso il fuoco.

Agora que o trabalho era escasso, Buck sonhava enquanto piscava para o fogo.

In quei sogni, Buck vagava con l'uomo in un altro mondo.

Nesses sonhos, Buck vagava com o homem em outro mundo.

La paura sembrava il sentimento più forte in quel mondo lontano.
O medo parecia o sentimento mais forte naquele mundo distante.
Buck vide l'uomo peloso dormire con la testa bassa.
Buck viu o homem peludo dormir com a cabeça baixa.
Aveva le mani giunte e il suo sonno era agitato e interrotto.
Suas mãos estavam entrelaçadas e seu sono era agitado e interrompido.
Si svegliava di soprassalto e fissava il buio con timore.
Ele costumava acordar assustado e olhar com medo para o escuro.
Poi aggiungeva altra legna al fuoco per mantenere viva la fiamma.
Então ele jogava mais lenha no fogo para manter a chama acesa.
A volte camminavano lungo una spiaggia in riva a un mare grigio e infinito.
Às vezes, eles caminhavam por uma praia perto de um mar cinzento e infinito.
L'uomo peloso raccolse i frutti di mare e li mangiò mentre camminava.
O homem peludo pegou mariscos e os comeu enquanto caminhava.
I suoi occhi cercavano sempre pericoli nascosti nell'ombra.
Seus olhos sempre procuravam perigos escondidos nas sombras.
Le sue gambe erano sempre pronte a scattare al primo segno di minaccia.
Suas pernas estavam sempre prontas para correr ao primeiro sinal de ameaça.
Avanzavano furtivamente nella foresta, silenziosi e cauti, uno accanto all'altro.
Eles rastejaram pela floresta, silenciosos e cautelosos, lado a lado.
Buck lo seguì alle calcagna, ed entrambi rimasero all'erta.

Buck seguiu em seus calcanhares, e ambos permaneceram alertas.
Le loro orecchie si muovevano e si contraevano, i loro nasi fiutavano l'aria.
Suas orelhas se contraíam e se moviam, seus narizes farejavam o ar.
L'uomo riusciva a sentire e ad annusare la foresta in modo altrettanto acuto quanto Buck.
O homem conseguia ouvir e sentir o cheiro da floresta tão intensamente quanto Buck.
L'uomo peloso si lanciò tra gli alberi a velocità improvvisa.
O homem peludo passou por entre as árvores com velocidade repentina.
Saltava da un ramo all'altro senza mai perdere la presa.
Ele pulava de galho em galho, sem nunca errar o aperto.
Si muoveva con la stessa rapidità con cui si muoveva sopra e sopra il terreno.
Ele se movia tão rápido acima do solo quanto sobre ele.
Buck ricordava le lunghe notti passate sotto gli alberi a fare la guardia.
Buck se lembrava das longas noites sob as árvores, vigiando.
L'uomo dormiva appollaiato sui rami, aggrappandosi forte.
O homem dormia empoleirado nos galhos, agarrado com força.
Questa visione dell'uomo peloso era strettamente legata al richiamo profondo.
Essa visão do homem peludo estava intimamente ligada ao chamado profundo.
Il richiamo risuonava ancora nella foresta con una forza inquietante.
O chamado ainda soava pela floresta com uma força assustadora.
La chiamata riempì Buck di desiderio e di un inquieto senso di gioia.
O chamado encheu Buck de saudade e uma inquieta sensação de alegria.

Sentì strani impulsi e stimoli a cui non riusciva a dare un nome.
Ele sentiu impulsos e agitações estranhas que não conseguia nomear.
A volte seguiva la chiamata inoltrandosi nel silenzio dei boschi.
Às vezes ele seguia o chamado até as profundezas da floresta silenciosa.
Cercava il richiamo, abbaiando piano o bruscamente mentre camminava.
Ele procurou o chamado, latindo baixinho ou estridentemente enquanto avançava.
Annusò il muschio e il terreno nero dove cresceva l'erba.
Ele cheirou o musgo e a terra preta onde a grama crescia.
Sbuffò di piacere sentendo i ricchi odori della terra profonda.
Ele bufou de prazer ao sentir os cheiros ricos da terra profunda.
Rimase accovacciato per ore dietro i tronchi ricoperti di funghi.
Ele ficou agachado por horas atrás de troncos cobertos de fungos.
Rimase immobile, ascoltando con gli occhi sgranati ogni minimo rumore.
Ele ficou parado, ouvindo com os olhos arregalados cada pequeno som.
Forse sperava di sorprendere la cosa che aveva emesso la chiamata.
Ele pode ter esperado surpreender a coisa que deu o sinal.
Non sapeva perché si comportava in quel modo: lo faceva e basta.
Ele não sabia por que agia dessa maneira, ele simplesmente agia.
Questi impulsi provenivano dal profondo, al di là del pensiero o della ragione.
Os impulsos vinham de dentro, além do pensamento ou da razão.

Buck fu colto da impulsi irresistibili, senza preavviso o motivo.
Desejos irresistíveis tomaram conta de Buck sem aviso ou razão.

A volte sonnecchiava pigramente nell'accampamento, sotto il caldo di mezzogiorno.
Às vezes ele cochilava preguiçosamente no acampamento sob o calor do meio-dia.

All'improvviso sollevò la testa e le sue orecchie si drizzarono in allerta.
De repente, sua cabeça se levantou e suas orelhas ficaram em alerta.

Poi balzò in piedi e si lanciò nella natura selvaggia senza fermarsi.
Então ele saltou e correu para a natureza sem parar.

Corse per ore attraverso sentieri forestali e spazi aperti.
Ele correu por horas por trilhas na floresta e espaços abertos.

Amava seguire i letti asciutti dei torrenti e spiare gli uccelli sugli alberi.
Ele adorava seguir leitos de riachos secos e espiar pássaros nas árvores.

Poteva restare nascosto tutto il giorno, osservando le pernici che si pavoneggiavano in giro.
Ele poderia ficar escondido o dia todo, observando as perdizes passeando por ali.

Suonavano i tamburi e marciavano, ignari della presenza immobile di Buck.
Eles tocaram tambores e marcharam, sem perceber a presença de Buck.

Ma ciò che amava di più era correre al crepuscolo estivo.
Mas o que ele mais amava era correr no crepúsculo do verão.

La luce fioca e i suoni assonnati della foresta lo riempivano di gioia.
A luz fraca e os sons sonolentos da floresta o encheram de alegria.

Leggeva i cartelli della foresta con la stessa chiarezza con cui un uomo legge un libro.

Ele leu os sinais da floresta tão claramente quanto um homem lê um livro.

E cercava sempre la strana cosa che lo chiamava.

E ele sempre procurou pela coisa estranha que o chamava.

Quella chiamata non si è mai fermata: lo raggiungeva sia da sveglio che nel sonno.

Esse chamado nunca parou — ele o alcançava acordado ou dormindo.

Una notte si svegliò di soprassalto, con gli occhi acuti e le orecchie tese.

Certa noite, ele acordou assustado, com os olhos aguçados e as orelhas em pé.

Le sue narici si contrassero mentre la sua criniera si rizzava in onde.

Suas narinas se contraíram enquanto sua crina ficou eriçada em ondas.

Dal profondo della foresta giunse di nuovo quel suono, il vecchio richiamo.

Das profundezas da floresta veio o som novamente, o velho chamado.

Questa volta il suono risuonò chiaro, un ululato lungo, inquietante e familiare.

Desta vez o som soou claramente, um uivo longo, assustador e familiar.

Era come il verso di un husky, ma dal tono strano e selvaggio.

Era como o grito de um husky, mas com um tom estranho e selvagem.

Buck riconobbe subito quel suono: lo aveva già sentito molto tempo prima.

Buck reconheceu o som imediatamente — ele já tinha ouvido o som exato há muito tempo.

Attraversò con un balzo l'accampamento e scomparve rapidamente nel bosco.

Ele saltou pelo acampamento e desapareceu rapidamente na floresta.

Avvicinandosi al suono, rallentò e si mosse con cautela.
À medida que se aproximava do som, ele diminuiu o ritmo e se moveu com cuidado.
Presto raggiunse una radura tra fitti pini.
Logo ele chegou a uma clareira entre densos pinheiros.
Lì, ritto sulle zampe posteriori, sedeva un lupo grigio alto e magro.
Ali, ereto sobre os calcanhares, estava sentado um lobo alto e magro.
Il naso del lupo puntava verso il cielo, continuando a riecheggiare il richiamo.
O focinho do lobo apontou para o céu, ainda ecoando o chamado.
Buck non aveva emesso alcun suono, eppure il lupo si fermò e ascoltò.
Buck não fez nenhum som, mas o lobo parou e escutou.
Percependo qualcosa, il lupo si irrigidì e scrutò l'oscurità.
Sentindo algo, o lobo ficou tenso, procurando na escuridão.
Buck si fece avanti furtivamente, con il corpo basso e i piedi ben appoggiati al terreno.
Buck apareceu sorrateiramente, com o corpo abaixado e os pés quietos no chão.
La sua coda era dritta e il suo corpo era teso e teso.
Seu rabo estava reto, seu corpo estava tenso e encolhido.
Manifestava sia un atteggiamento minaccioso che una sorta di rude amicizia.
Ele demonstrou tanto ameaça quanto uma espécie de amizade rude.
Era il saluto cauto tipico delle bestie selvatiche.
Era a saudação cautelosa compartilhada pelos animais selvagens.
Ma il lupo si voltò e fuggì non appena vide Buck.
Mas o lobo se virou e fugiu assim que viu Buck.
Buck si lanciò all'inseguimento, saltando selvaggiamente, desideroso di raggiungerlo.
Buck o perseguiu, saltando descontroladamente, ansioso para alcançá-lo.

Seguì il lupo in un ruscello secco bloccato da un ingorgo di tronchi.
Ele seguiu o lobo até um riacho seco bloqueado por um congestionamento de madeira.
Messo alle strette, il lupo si voltò e rimase fermo.
Encurralado, o lobo girou e se manteve firme.
Il lupo ringhiò e schioccò i denti come un husky intrappolato in una rissa.
O lobo rosnou e mordeu como um cão husky encurralado em uma briga.
I denti del lupo schioccarono rapidamente e il suo corpo si irrigidì per la furia selvaggia.
Os dentes do lobo estalaram rapidamente, seu corpo eriçado de fúria selvagem.
Buck non attaccò, ma girò intorno al lupo con attenta cordialità.
Buck não atacou, mas circulou o lobo com cautelosa amizade.
Cercò di bloccargli la fuga con movimenti lenti e innocui.
Ele tentou bloquear sua fuga com movimentos lentos e inofensivos.
Il lupo era cauto e spaventato: Buck lo superava di peso tre volte.
O lobo estava cauteloso e assustado — Buck era três vezes mais pesado que ele.
La testa del lupo arrivava a malapena all'altezza della spalla massiccia di Buck.
A cabeça do lobo mal alcançava o enorme ombro de Buck.
Il lupo, attento a individuare un varco, si lanciò e l'inseguimento ricominciò.
Observando uma brecha, o lobo disparou e a perseguição começou novamente.
Buck lo mise alle strette più volte e la danza si ripeté.
Várias vezes Buck o encurralou e a dança se repetiu.
Il lupo era magro e debole, altrimenti Buck non avrebbe potuto catturarlo.
O lobo era magro e fraco, ou Buck não o teria capturado.

Ogni volta che Buck si avvicinava, il lupo si girava di scatto e lo affrontava spaventato.
Cada vez que Buck se aproximava, o lobo girava e o encarava com medo.

Poi, alla prima occasione, si precipitò di nuovo nel bosco.
Então, na primeira oportunidade, ele correu para a floresta mais uma vez.

Ma Buck non si arrese e alla fine il lupo imparò a fidarsi di lui.
Mas Buck não desistiu e, finalmente, o lobo passou a confiar nele.

Annusò il naso di Buck e i due diventarono giocosi e attenti.
Ele cheirou o nariz de Buck, e os dois ficaram brincalhões e alertas.

Giocavano come animali selvaggi, feroci ma timidi nella loro gioia.
Eles brincavam como animais selvagens, ferozes, mas tímidos em sua alegria.

Dopo un po' il lupo trotterellò via con calma e decisione.
Depois de um tempo, o lobo saiu trotando com calma e determinação.

Dimostrò chiaramente a Buck che intendeva essere seguito.
Ele mostrou claramente a Buck que queria ser seguido.

Correvano fianco a fianco nel buio della sera.
Eles correram lado a lado na penumbra do crepúsculo.

Seguirono il letto del torrente fino alla gola rocciosa.
Eles seguiram o leito do riacho até o desfiladeiro rochoso.

Attraversarono un freddo spartiacque nel punto in cui aveva avuto origine il fiume.
Eles cruzaram uma divisão fria onde o riacho havia começado.

Sul pendio più lontano trovarono un'ampia foresta e molti corsi d'acqua.
Na encosta mais distante, eles encontraram uma ampla floresta e muitos riachos.

Corsero per ore senza fermarsi attraverso quella terra immensa.
Por esta vasta terra, eles correram por horas sem parar.

Il sole saliva sempre più alto, l'aria si faceva calda, ma loro continuavano a correre.
O sol nasceu mais alto, o ar ficou mais quente, mas eles continuaram correndo.
Buck era pieno di gioia: sapeva di aver risposto alla sua chiamata.
Buck estava cheio de alegria, pois sabia que estava respondendo ao seu chamado.
Corse accanto al fratello della foresta, più vicino alla fonte della chiamata.
Ele correu ao lado de seu irmão da floresta, mais perto da fonte do chamado.
I vecchi sentimenti ritornano, potenti e difficili da ignorare.
Velhos sentimentos retornaram, poderosos e difíceis de ignorar.
Queste erano le verità nascoste nei ricordi dei suoi sogni.
Essas eram as verdades por trás das memórias dos seus sonhos.
Tutto questo lo aveva già fatto in un mondo lontano e oscuro.
Ele já havia feito tudo isso antes em um mundo distante e sombrio.
Questa volta lo fece di nuovo, scatenandosi con il cielo aperto sopra di lui.
Agora ele fez isso de novo, correndo solto com o céu aberto acima.
Si fermarono presso un ruscello per bere l'acqua fredda che scorreva.
Eles pararam em um riacho para beber da água fria que corria.
Mentre beveva, Buck si ricordò improvvisamente di John Thornton.
Enquanto bebia, Buck de repente se lembrou de John Thornton.
Si sedette in silenzio, lacerato dal sentimento di lealtà e dalla chiamata.
Ele sentou-se em silêncio, dilacerado pela atração da lealdade e do chamado.

Il lupo continuò a trottare, ma tornò indietro per incitare Buck ad andare avanti.
O lobo trotou, mas voltou para incitar Buck a avançar.
Gli annusò il naso e cercò di convincerlo con gesti gentili.
Ele cheirou o nariz e tentou persuadi-lo com gestos suaves.
Ma Buck si voltò e riprese a tornare indietro per la strada da cui era venuto.
Mas Buck se virou e começou a retornar pelo mesmo caminho que veio.
Il lupo gli corse accanto per molto tempo, guaindo piano.
O lobo correu ao lado dele por um longo tempo, ganindo baixinho.
Poi si sedette, alzò il naso ed emise un lungo ululato.
Então ele se sentou, levantou o nariz e soltou um longo uivo.
Era un grido lugubre, che si addolcì mentre Buck si allontanava.
Era um grito triste, que foi diminuindo à medida que Buck se afastava.
Buck ascoltò mentre il suono del grido svaniva lentamente nel silenzio della foresta.
Buck ouviu enquanto o som do grito desaparecia lentamente no silêncio da floresta.
John Thornton stava cenando quando Buck irruppe nell'accampamento.
John Thornton estava jantando quando Buck invadiu o acampamento.
Buck gli saltò addosso selvaggiamente, leccandolo, mordendolo e facendolo rotolare.
Buck saltou sobre ele descontroladamente, lambendo, mordendo e derrubando-o.
Lo fece cadere, gli saltò sopra e gli baciò il viso.
Ele o derrubou, subiu em cima dele e beijou seu rosto.
Thornton lo definì con affetto "fare il buffone".
Thornton chamou isso de "bancar o bobo comum" com carinho.
Nel frattempo, imprecava dolcemente contro Buck e lo scuoteva avanti e indietro.

Durante todo o tempo, ele amaldiçoava Buck gentilmente e o sacudia para frente e para trás.

Per due interi giorni e due notti, Buck non lasciò l'accampamento nemmeno una volta.
Durante dois dias e duas noites inteiras, Buck não saiu do acampamento nem uma vez.

Si teneva vicino a Thornton e non lo perdeva mai di vista.
Ele ficava perto de Thornton e nunca o perdia de vista.

Lo seguiva mentre lavorava e lo osservava mentre mangiava.
Ele o seguia enquanto ele trabalhava e o observava enquanto ele comia.

Di notte vedeva Thornton avvolto nelle sue coperte e ogni mattina lo vedeva uscire.
Ele via Thornton enrolado em seus cobertores à noite e fora todas as manhãs.

Ma presto il richiamo della foresta ritornò, più forte che mai.
Mas logo o chamado da floresta retornou, mais alto do que nunca.

Buck si sentì di nuovo irrequieto, agitato dal pensiero del lupo selvatico.
Buck ficou inquieto novamente, agitado pelos pensamentos sobre o lobo selvagem.

Ricordava la terra aperta e le corse fianco a fianco.
Ele se lembrou do terreno aberto e de correr lado a lado.

Ricominciò a vagare nella foresta, solo e vigile.
Ele começou a vagar pela floresta mais uma vez, sozinho e alerta.

Ma il fratello selvaggio non tornò e l'ululato non fu udito.
Mas o irmão selvagem não retornou, e o uivo não foi ouvido.

Buck cominciò a dormire all'aperto, restando lontano anche per giorni interi.
Buck começou a dormir do lado de fora, ficando fora por vários dias.

Una volta attraversò l'alto spartiacque dove aveva origine il torrente.
Certa vez, ele cruzou a alta divisão onde o riacho havia começado.

Entrò nella terra degli alberi scuri e dei grandi corsi d'acqua.
Ele entrou na terra das madeiras escuras e dos largos riachos.
Vagò per una settimana alla ricerca di tracce del fratello selvaggio.
Por uma semana ele vagou, procurando por sinais do irmão selvagem.
Uccideva la propria carne e viaggiava a passi lunghi e instancabili.
Ele matou sua própria carne e viajou com passos longos e incansáveis.
Pescò salmoni in un ampio fiume che arrivava fino al mare.
Ele pescava salmão em um rio largo que chegava ao mar.
Lì lottò e uccise un orso nero reso pazzo dagli insetti.
Lá, ele lutou e matou um urso preto enlouquecido por insetos.
L'orso stava pescando e corse alla cieca tra gli alberi.
O urso estava pescando e correu cegamente entre as árvores.
La battaglia fu feroce e risvegliò il profondo spirito combattivo di Buck.
A batalha foi feroz, despertando o profundo espírito de luta de Buck.
Due giorni dopo, Buck tornò e trovò dei ghiottoni nei pressi della sua preda.
Dois dias depois, Buck retornou e encontrou carcajus em sua caça.
Una dozzina di loro litigarono furiosamente e rumorosamente per la carne.
Uma dúzia deles discutiu pela carne em fúria barulhenta.
Buck caricò e li disperse come foglie al vento.
Buck atacou e os dispersou como folhas ao vento.
Due lupi rimasero indietro: silenziosi, senza vita e immobili per sempre.
Dois lobos ficaram para trás — silenciosos, sem vida e imóveis para sempre.
La sete di sangue divenne più forte che mai.
A sede de sangue ficou mais forte do que nunca.
Buck era un cacciatore, un assassino, che si nutriva di creature viventi.

Buck era um caçador, um assassino, alimentando-se de criaturas vivas.
Sopravvisse da solo, affidandosi alla sua forza e ai suoi sensi acuti.
Ele sobreviveu sozinho, confiando em sua força e sentidos aguçados.
Prosperava nella natura selvaggia, dove solo i più forti potevano sopravvivere.
Ele prosperou na natureza, onde somente os mais resistentes conseguiam sobreviver.
Da ciò nacque un grande orgoglio che riempì tutto l'essere di Buck.
Disso surgiu um grande orgulho que preencheu todo o ser de Buck.
Il suo orgoglio traspariva da ogni passo, dal fremito di ogni muscolo.
Seu orgulho transparecia em cada passo, na ondulação de cada músculo.
Il suo orgoglio era evidente, come si vedeva dal suo comportamento.
Seu orgulho era tão claro quanto a fala, visto na maneira como ele se portava.
Persino il suo spesso mantello appariva più maestoso e splendeva di più.
Até mesmo seu pelo grosso parecia mais majestoso e brilhava mais.
Buck avrebbe potuto essere scambiato per un lupo grigio gigante.
Buck poderia ter sido confundido com um lobo gigante.
A parte il marrone sul muso e le macchie sopra gli occhi.
Exceto pelo marrom no focinho e manchas acima dos olhos.
E la striscia bianca di pelo che gli correva lungo il centro del petto.
E a faixa branca de pelo que corria no meio do seu peito.
Era addirittura più grande del più grande lupo di quella feroce razza.
Ele era ainda maior que o maior lobo daquela raça feroz.

Suo padre, un San Bernardo, gli ha trasmesso la stazza e la corporatura robusta.
Seu pai, um São Bernardo, lhe deu tamanho e estrutura robusta.
Sua madre, una pastorella, plasmò quella mole conferendole la forma di un lupo.
Sua mãe, uma pastora, moldou aquele corpo em forma de lobo.
Aveva il muso lungo di un lupo, anche se più pesante e largo.
Ele tinha o focinho longo de um lobo, porém mais pesado e largo.
La sua testa era quella di un lupo, ma di dimensioni enormi e maestose.
Sua cabeça era de lobo, mas construída em uma escala enorme e majestosa.
L'astuzia di Buck era l'astuzia del lupo e della natura selvaggia.
A astúcia de Buck era a astúcia do lobo e da natureza.
La sua intelligenza gli venne sia dal Pastore Tedesco che dal San Bernardo.
Sua inteligência veio tanto do pastor alemão quanto do São Bernardo.
Tutto ciò, unito alla dura esperienza, lo rese una creatura temibile.
Tudo isso, somado a uma experiência difícil, fez dele uma criatura assustadora.
Era formidabile quanto qualsiasi animale che vagasse nelle terre selvagge del nord.
Ele era tão formidável quanto qualquer animal que vagava pela natureza selvagem do norte.
Nutrendosi solo di carne, Buck raggiunse l'apice della sua forza.
Vivendo apenas de carne, Buck atingiu o auge de sua força.
Trasudava potenza e forza maschile in ogni fibra del suo corpo.
Ele transbordava poder e força masculina em cada fibra dele.

Quando Thornton gli accarezzò la schiena, i peli brillarono di energia.
Quando Thornton acariciou suas costas, os pelos brilharam com energia.
Ogni capello scricchiolava, carico del tocco di un magnetismo vivente.
Cada fio de cabelo estalava, carregado com o toque do magnetismo vivo.
Il suo corpo e il suo cervello erano sintonizzati sulla tonalità più fine possibile.
Seu corpo e cérebro estavam sintonizados na melhor afinação possível.
Ogni nervo, ogni fibra e ogni muscolo lavoravano in perfetta armonia.
Cada nervo, fibra e músculo funcionava em perfeita harmonia.
A qualsiasi suono o visione che richiedesse un intervento, rispondeva immediatamente.
A qualquer som ou visão que exigisse ação, ele respondia instantaneamente.
Se un husky saltava per attaccare, Buck poteva saltare due volte più velocemente.
Se um husky saltasse para atacar, Buck poderia saltar duas vezes mais rápido.
Reagì più rapidamente di quanto gli altri potessero vedere o sentire.
Ele reagiu mais rápido do que os outros poderiam ver ou ouvir.
Percezione, decisione e azione avvennero tutte in un unico, fluido istante.
Percepção, decisão e ação aconteceram em um momento fluido.
In realtà si tratta di atti separati, ma troppo rapidi per essere notati.
Na verdade, esses atos foram separados, mas rápidos demais para serem notados.
Gli intervalli tra questi atti erano così brevi che sembravano uno solo.

Tão breves eram os intervalos entre esses atos, que eles pareciam um só.

I suoi muscoli e il suo essere erano come molle strettamente avvolte.

Seus músculos e seu ser eram como molas firmemente enroladas.

Il suo corpo traboccava di vita, selvaggia e gioiosa nella sua potenza.

Seu corpo transbordava de vida, selvagem e alegre em seu poder.

A volte aveva la sensazione che la forza stesse per esplodere completamente dentro di lui.

Às vezes ele sentia como se a força fosse explodir completamente para fora dele.

"Non c'è mai stato un cane simile", disse Thornton un giorno tranquillo.

"Nunca existiu um cachorro assim", disse Thornton em um dia tranquilo.

I soci osservarono Buck uscire fiero dall'accampamento.

Os parceiros observaram Buck saindo orgulhosamente do acampamento.

"Quando è stato creato, ha cambiato il modo in cui un cane può essere", ha detto Pete.

"Quando ele foi criado, ele mudou o que um cachorro pode ser", disse Pete.

"Per Dio! Lo penso anch'io", concordò subito Hans.

"Por Jesus! Eu também acho", Hans concordou rapidamente.

Lo videro allontanarsi, ma non il cambiamento che avvenne dopo.

Eles o viram partir, mas não a mudança que veio depois.

Non appena entrò nel bosco, Buck si trasformò completamente.

Assim que entrou na floresta, Buck se transformou completamente.

Non marciava più, ma si muoveva come uno spettro selvaggio tra gli alberi.

Ele não marchava mais, mas se movia como um fantasma selvagem entre as árvores.
Divenne silenzioso, come un gatto, un bagliore che attraversava le ombre.
Ele ficou em silêncio, com passos de gato, um lampejo passando pelas sombras.
Usava la copertura con abilità, strisciando sulla pancia come un serpente.
Ele usava cobertura com habilidade, rastejando de barriga como uma cobra.
E come un serpente, sapeva balzare in avanti e colpire in silenzio.
E como uma cobra, ele podia saltar para frente e atacar em silêncio.
Potrebbe rubare una pernice bianca direttamente dal suo nido nascosto.
Ele poderia roubar uma perdiz-branca diretamente de seu ninho escondido.
Uccideva i conigli addormentati senza emettere alcun suono.
Ele matou coelhos adormecidos sem fazer nenhum barulho.
Riusciva a catturare gli scoiattoli a mezz'aria anche se fuggivano troppo lentamente.
Ele conseguia pegar esquilos no ar, pois eles fugiam muito devagar.
Nemmeno i pesci nelle pozze riuscivano a sfuggire ai suoi attacchi improvvisi.
Nem mesmo os peixes nos lagos conseguiram escapar de seus ataques repentinos.
Nemmeno i furbi castori impegnati a riparare le dighe erano al sicuro da lui.
Nem mesmo os castores espertos que consertavam represas estavam a salvo dele.
Uccideva per nutrirsi, non per divertirsi, ma preferiva uccidere le proprie vittime.
Ele matava por comida, não por diversão, mas gostava mais de suas próprias presas.

Eppure, un umorismo subdolo permeava alcune delle sue cacce silenziose.
Ainda assim, um humor astuto permeava algumas de suas caçadas silenciosas.
Si avvicinò furtivamente agli scoiattoli, solo per lasciarli scappare.
Ele se aproximou dos esquilos, apenas para deixá-los escapar.
Stavano per fuggire tra gli alberi, chiacchierando con rabbia e paura.
Eles iriam fugir para as árvores, tagarelando com medo e indignação.
Con l'arrivo dell'autunno, le alci cominciarono ad apparire in numero maggiore.
Com a chegada do outono, os alces começaram a aparecer em maior número.
Si spostarono lentamente verso le basse valli per affrontare l'inverno.
Eles se moveram lentamente em direção aos vales baixos para enfrentar o inverno.
Buck aveva già abbattuto un giovane vitello randagio.
Buck já havia abatido um bezerro jovem e perdido.
Ma lui desiderava ardentemente affrontare prede più grandi e pericolose.
Mas ele ansiava por enfrentar presas maiores e mais perigosas.
Un giorno, sul crinale, alla sorgente del torrente, trovò la sua occasione.
Um dia, na divisão, na nascente do riacho, ele encontrou sua chance.
Una mandria di venti alci era giunta da terre boscose.
Uma manada de vinte alces havia cruzado as terras florestais.
Tra loro c'era un possente toro, il capo del gruppo.
Entre eles estava um touro poderoso; o líder do grupo.
Il toro era alto più di due metri e mezzo e appariva feroce e selvaggio.
O touro tinha mais de 1,80 m de altura e parecia feroz e selvagem.

Lanciò le sue grandi corna, le cui quattordici punte si diramavano verso l'esterno.
Ele jogou seus chifres largos, quatorze pontas ramificadas para fora.
Le punte di quelle corna si estendevano per due metri.
As pontas desses chifres tinham mais de dois metros de largura.
I suoi piccoli occhi ardevano di rabbia quando vide Buck lì vicino.
Seus olhinhos ardiam de raiva quando ele avistou Buck por perto.
Emise un ruggito furioso, tremando di rabbia e dolore.
Ele soltou um rugido furioso, tremendo de fúria e dor.
Vicino al suo fianco spuntava la punta di una freccia, appuntita e piumata.
Uma ponta de flecha, pontuda e afiada, projetava-se perto de seu flanco.
Questa ferita contribuì a spiegare il suo umore selvaggio e amareggiato.
Essa ferida ajudou a explicar seu humor selvagem e amargo.
Buck, guidato dall'antico istinto di caccia, fece la sua mossa.
Buck, guiado por um antigo instinto de caça, fez seu movimento.
Il suo obiettivo era separare il toro dal resto della mandria.
Ele tentou separar o touro do resto do rebanho.
Non era un compito facile: richiedeva velocità e una grande astuzia.
Não foi uma tarefa fácil: exigiu rapidez e muita astúcia.
Abbaiava e danzava vicino al toro, appena fuori dalla sua portata.
Ele latiu e dançou perto do touro, fora do alcance.
L'alce si lanciò con enormi zoccoli e corna mortali.
O alce atacou com cascos enormes e chifres mortais.
Un colpo avrebbe potuto porre fine alla vita di Buck in un batter d'occhio.
Um golpe poderia ter acabado com a vida de Buck num piscar de olhos.

Incapace di abbandonare la minaccia, il toro si infuriò.
Incapaz de deixar a ameaça para trás, o touro ficou furioso.
Lui caricava con furia, ma Buck riusciva sempre a sfuggirgli.
Ele atacou com fúria, mas Buck sempre escapava.
Buck finse di essere debole, allontanandosi ulteriormente dalla mandria.
Buck fingiu fraqueza, atraindo-o para mais longe do rebanho.
Ma i giovani tori sarebbero tornati alla carica per proteggere il capo.
Mas os touros jovens iriam revidar para proteger o líder.
Costrinsero Buck a ritirarsi e il toro a ricongiungersi al gruppo.
Eles forçaram Buck a recuar e o touro a se juntar ao grupo.
C'è una pazienza nella natura selvaggia, profonda e inarrestabile.
Há uma paciência na natureza, profunda e imparável.
Un ragno resta immobile nella sua tela per innumerevoli ore.
Uma aranha espera imóvel em sua teia por incontáveis horas.
Un serpente si avvolge su se stesso senza contrarsi e aspetta il momento giusto.
Uma cobra se enrola sem se mexer e espera até que seja a hora.
Una pantera è in agguato, finché non arriva il momento.
Uma pantera fica à espreita, até que o momento chega.
Questa è la pazienza dei predatori che cacciano per sopravvivere.
Essa é a paciência dos predadores que caçam para sobreviver.
La stessa pazienza ardeva dentro Buck mentre gli restava accanto.
Essa mesma paciência queimava dentro de Buck enquanto ele ficava por perto.
Rimase vicino alla mandria, rallentandone la marcia e incutendo timore.
Ele permaneceu perto do rebanho, diminuindo a marcha e provocando medo.
Provocava i giovani tori e molestava le mucche madri.
Ele provocava os touros jovens e assediava as vacas mães.

Spinse il toro ferito in una rabbia ancora più profonda e impotente.
Ele levou o touro ferido a uma fúria mais profunda e impotente.
Per mezza giornata il combattimento si trascinò senza alcuna tregua.
Durante meio dia, a luta se arrastou sem nenhum descanso.
Buck attaccò da ogni angolazione, veloce e feroce come il vento.
Buck atacou de todos os ângulos, rápido e feroz como o vento.
Impedì al toro di riposare o di nascondersi con la mandria.
Ele impediu que o touro descansasse ou se escondesse com seu rebanho.
Buck logorò la volontà dell'alce più velocemente del suo corpo.
Buck desgastou a vontade do alce mais rápido que seu corpo.
Il giorno passò e il sole tramontò basso nel cielo a nord-ovest.
O dia passou e o sol se pôs no céu noroeste.
I giovani tori tornarono più lentamente per aiutare il loro capo.
Os touros jovens retornaram mais lentamente para ajudar seu líder.
Erano tornate le notti autunnali e il buio durava ormai sei ore.
As noites de outono retornaram e a escuridão agora durava seis horas.
L'inverno li spingeva verso valli più sicure e calde.
O inverno os estava empurrando ladeira abaixo em direção a vales mais seguros e quentes.
Ma non riuscirono comunque a sfuggire al cacciatore che li tratteneva.
Mas eles ainda não conseguiam escapar do caçador que os segurava.
Era in gioco solo una vita: non quella del branco, ma quella del loro capo.

Apenas uma vida estava em jogo: não a do rebanho, apenas a do seu líder.
Ciò rendeva la minaccia lontana e non una loro preoccupazione urgente.
Isso fez com que a ameaça fosse distante e não uma preocupação urgente.
Col tempo accettarono questo prezzo e lasciarono che Buck prendesse il vecchio toro.
Com o tempo, eles aceitaram esse custo e deixaram Buck levar o velho touro.
Mentre calava il crepuscolo, il vecchio toro rimase in piedi con la testa bassa.
Quando o crepúsculo chegou, o velho touro ficou com a cabeça baixa.
Guardò la mandria che aveva guidato svanire nella luce morente.
Ele observou o rebanho que havia liderado desaparecer na luz que se apagava.
C'erano mucche che aveva conosciuto, vitelli che un tempo aveva generato.
Havia vacas que ele conheceu, bezerros que ele gerou.
C'erano tori più giovani con cui aveva combattuto e che aveva dominato nelle stagioni passate.
Havia touros mais jovens com quem ele lutou e governou em temporadas passadas.
Non poteva seguirli, perché davanti a lui era di nuovo accovacciato Buck.
Ele não pôde segui-los, pois Buck estava agachado novamente diante dele.
Il terrore spietato e zannuto gli bloccava ogni via che potesse percorrere.
O terror implacável das presas bloqueava todos os caminhos que ele poderia tomar.
Il toro pesava più di trecento chili di potenza densa.
O touro pesava mais de trezentos quilos de poder denso.
Aveva vissuto a lungo e lottato duramente in un mondo di difficoltà.

Ele viveu muito e lutou muito em um mundo de lutas.
Eppure, alla fine, la morte gli venne commessa da una bestia molto più bassa di lui.
Mas agora, no final, a morte veio de uma fera muito abaixo dele.
La testa di Buck non arrivò nemmeno alle enormi ginocchia noccate del toro.
A cabeça de Buck nem sequer chegou aos enormes joelhos do touro.
Da quel momento in poi, Buck rimase con il toro notte e giorno.
Daquele momento em diante, Buck ficou com o touro dia e noite.
Non gli dava mai tregua, non gli permetteva mai di brucare o bere.
Ele nunca lhe deu descanso, nunca lhe permitiu pastar ou beber.
Il toro cercò di mangiare giovani germogli di betulla e foglie di salice.
O touro tentou comer brotos de bétula e folhas de salgueiro.
Ma Buck lo scacciò, sempre all'erta e sempre all'attacco.
Mas Buck o expulsou, sempre alerta e sempre atacando.
Anche nei torrenti che scorrevano, Buck bloccava ogni assetato tentativo.
Mesmo em riachos caudalosos, Buck bloqueava todas as tentativas sedentas.
A volte, in preda alla disperazione, il toro fuggiva a tutta velocità.
Às vezes, em desespero, o touro fugia a toda velocidade.
Buck lo lasciò correre, avanzando tranquillamente dietro di lui, senza mai allontanarsi troppo.
Buck o deixou correr, caminhando calmamente logo atrás, nunca muito longe.
Quando l'alce si fermò, Buck si sdraiò, ma rimase pronto.
Quando o alce parou, Buck deitou-se, mas permaneceu pronto.

Se il toro provava a mangiare o a bere, Buck colpiva con tutta la sua furia.
Se o touro tentasse comer ou beber, Buck atacava com fúria total.

La grande testa del toro si abbassava sotto le enormi corna.
A grande cabeça do touro pendia mais para baixo sob seus enormes chifres.

Il suo passo rallentò, il trotto divenne pesante, un'andatura barcollante.
Seu passo diminuiu, o trote se tornou pesado, um andar cambaleante.

Spesso restava immobile con le orecchie abbassate e il naso rivolto verso il terreno.
Ele frequentemente ficava parado com as orelhas caídas e o focinho no chão.

In quei momenti Buck si prese del tempo per bere e riposare.
Durante esses momentos, Buck tirou um tempo para beber e descansar.

Con la lingua fuori e gli occhi fissi, Buck sentì che la terra stava cambiando.
Com a língua para fora e os olhos fixos, Buck sentiu que a terra estava mudando.

Sentì qualcosa di nuovo muoversi nella foresta e nel cielo.
Ele sentiu algo novo se movendo pela floresta e pelo céu.

Con il ritorno delle alci tornarono anche altre creature selvatiche.
Com o retorno dos alces, outras criaturas selvagens também retornaram.

La terra sembrava viva di una presenza invisibile ma fortemente nota.
A terra parecia viva e presente, invisível, mas fortemente conhecida.

Buck non lo sapeva tramite l'udito, la vista o l'olfatto.
Não foi pelo som, pela visão ou pelo cheiro que Buck soube disso.

Un sentimento più profondo gli diceva che nuove forze erano in movimento.

Um senso mais profundo lhe dizia que novas forças estavam em movimento.
Una strana vita si agitava nei boschi e lungo i corsi d'acqua.
Vida estranha agitava-se nas florestas e ao longo dos riachos.
Decise di esplorare questo spirito una volta completata la caccia.
Ele resolveu explorar esse espírito depois que a caçada terminasse.
Il quarto giorno, Buck riuscì finalmente a catturare l'alce.
No quarto dia, Buck finalmente derrubou o alce.
Rimase nei pressi della preda per un giorno e una notte interi, nutrendosi e riposandosi.
Ele ficou perto da presa por um dia e uma noite inteiros, alimentando-se e descansando.
Mangiò, poi dormì, poi mangiò ancora, finché non fu forte e sazio.
Ele comeu, depois dormiu, depois comeu novamente, até ficar forte e satisfeito.
Quando fu pronto, tornò indietro verso l'accampamento e Thornton.
Quando ele estava pronto, ele voltou para o acampamento e para Thornton.
Con passo costante iniziò il lungo viaggio di ritorno verso casa.
Com ritmo constante, ele começou a longa jornada de volta para casa.
Correva con la sua andatura instancabile, ora dopo ora, senza mai smarrirsi.
Ele correu em seu passo incansável, hora após hora, sem nunca se desviar.
Attraverso terre sconosciute, si muoveva dritto come l'ago di una bussola.
Por terras desconhecidas, ele se moveu em linha reta como a agulha de uma bússola.
Il suo senso dell'orientamento faceva sembrare deboli, al confronto, l'uomo e la mappa.

Seu senso de direção fazia o homem e o mapa parecerem fracos em comparação.

Mentre Buck correva, sentiva sempre più forte l'agitazione nella terra selvaggia.

Enquanto Buck corria, ele sentia cada vez mais a agitação na terra selvagem.

Era un nuovo tipo di vita, diverso da quello dei tranquilli mesi estivi.

Era um novo tipo de vida, diferente daquela dos calmos meses de verão.

Questa sensazione non giungeva più come un messaggio sottile o distante.

Esse sentimento não vinha mais como uma mensagem sutil ou distante.

Ora gli uccelli parlavano di questa vita e gli scoiattoli chiacchieravano.

Agora os pássaros falavam desta vida, e os esquilos tagarelavam sobre ela.

Persino la brezza sussurrava avvertimenti tra gli alberi silenziosi.

Até a brisa sussurrava avisos através das árvores silenciosas.

Più volte si fermò ad annusare l'aria fresca del mattino.

Várias vezes ele parou e cheirou o ar fresco da manhã.

Lì lesse un messaggio che lo fece fare un balzo in avanti più velocemente.

Ele leu uma mensagem ali que o fez avançar mais rápido.

Fu pervaso da un forte senso di pericolo, come se qualcosa fosse andato storto.

Uma forte sensação de perigo o preencheu, como se algo tivesse dado errado.

Temeva che la calamità stesse per arrivare, o che fosse già arrivata.

Ele temia que a calamidade estivesse chegando — ou já tivesse chegado.

Superò l'ultima cresta ed entrò nella valle sottostante.

Ele cruzou a última crista e entrou no vale abaixo.

Si muoveva più lentamente, attento e cauto a ogni passo.

Ele se movia mais lentamente, alerta e cauteloso a cada passo.
Dopo tre miglia trovò una pista fresca che lo fece irrigidire.
Três milhas depois, ele encontrou uma trilha nova que o fez ficar tenso.
I peli sul collo si rizzarono e si rizzarono in segno di allarme.
Os pelos do seu pescoço se arrepiaram e se agitaram em alarme.
Il sentiero portava dritto all'accampamento dove Thornton aspettava.
A trilha levava direto para o acampamento onde Thornton esperava.
Buck ora si muoveva più velocemente, con passi silenziosi e rapidi.
Buck se movia mais rápido agora, seus passos eram silenciosos e rápidos.
I suoi nervi si irrigidirono mentre leggeva segnali che altri non avrebbero notato.
Seus nervos ficaram tensos ao perceber sinais que os outros não perceberiam.
Ogni dettaglio del percorso raccontava una storia, tranne l'ultimo pezzo.
Cada detalhe da trilha contava uma história, exceto o pedaço final.
Il suo naso gli raccontò della vita che aveva trascorso lì.
Seu nariz lhe contava sobre a vida que havia passado por ali.
L'odore gli fornì un'immagine mutevole mentre lo seguiva da vicino.
O cheiro lhe deu uma imagem mutável enquanto ele o seguia de perto.
Ma la foresta stessa era diventata silenziosa, innaturalmente immobile.
Mas a floresta em si ficou quieta; estranhamente parada.
Gli uccelli erano scomparsi, gli scoiattoli erano nascosti, silenziosi e immobili.
Os pássaros desapareceram, os esquilos estavam escondidos, silenciosos e imóveis.
Vide solo uno scoiattolo grigio, sdraiato su un albero morto.

Ele viu apenas um esquilo cinza, deitado em uma árvore morta.
Lo scoiattolo si mimetizzava, rigido e immobile come una parte della foresta.
O esquilo se misturou, rígido e imóvel como uma parte da floresta.
Buck si muoveva come un'ombra, silenzioso e sicuro tra gli alberi.
Buck se movia como uma sombra, silenciosa e segura, através das árvores.
Il suo naso si mosse di lato come se fosse stato tirato da una mano invisibile.
Seu nariz se moveu para o lado como se tivesse sido puxado por uma mão invisível.
Si voltò e seguì il nuovo odore nel profondo di un boschetto.
Ele se virou e seguiu o novo cheiro em direção ao interior de um matagal.
Lì trovò Nig, steso morto, trafitto da una freccia.
Lá ele encontrou Nig, morto, atravessado por uma flecha.
La freccia gli attraversò il corpo, lasciando ancora visibili le piume.
A flecha atravessou seu corpo, deixando as penas ainda visíveis.
Nig si era trascinato fin lì, ma era morto prima di riuscire a raggiungere i soccorsi.
Nig se arrastou até lá, mas morreu antes de conseguir ajuda.
Cento metri più avanti, Buck trovò un altro cane da slitta.
Cem metros mais adiante, Buck encontrou outro cão de trenó.
Era un cane che Thornton aveva comprato a Dawson City.
Era um cachorro que Thornton havia comprado em Dawson City.
Il cane lottava con tutte le sue forze, dimenandosi violentemente sul sentiero.
O cachorro estava em uma luta mortal, se debatendo com força na trilha.
Buck gli passò accanto senza fermarsi, con gli occhi fissi davanti a sé.

Buck passou ao redor dele, sem parar, com os olhos fixos à frente.

Dalla direzione dell'accampamento proveniva un canto lontano e ritmico.

Da direção do acampamento veio um canto distante e rítmico.

Le voci si alzavano e si abbassavano con un tono strano, inquietante, cantilenante.

As vozes subiam e desciam num tom estranho, sinistro e cantante.

Buck strisciò in silenzio fino al limite della radura.

Buck rastejou até a borda da clareira em silêncio.

Lì vide Hans disteso a faccia in giù, trafitto da numerose frecce.

Lá ele viu Hans deitado de bruços, perfurado por muitas flechas.

Il suo corpo sembrava quello di un porcospino, irto di penne.

Seu corpo parecia o de um porco-espinho, eriçado de penas.

Nello stesso momento, Buck guardò verso la capanna in rovina.

No mesmo momento, Buck olhou para a cabana em ruínas.

Quella vista gli fece rizzare i capelli sul collo e sulle spalle.

A visão fez os cabelos de seu pescoço e ombros se arrepiarem.

Un'ondata di rabbia selvaggia travolse tutto il corpo di Buck.

Uma tempestade de raiva selvagem percorreu todo o corpo de Buck.

Ringhiò forte, anche se non ne era consapevole.

Ele rosnou alto, embora não soubesse que tinha feito isso.

Il suono era crudo, pieno di una furia terrificante e selvaggia.

O som era cru, cheio de uma fúria terrível e selvagem.

Per l'ultima volta nella sua vita, Buck perse la ragione a causa delle emozioni.

Pela última vez na vida, Buck perdeu a razão para as emoções.

Fu l'amore per John Thornton a spezzare il suo attento controllo.

Foi o amor por John Thornton que quebrou seu controle cuidadoso.
Gli Yeehats ballavano attorno alla baita in legno di abete rosso distrutta.
Os Yeehats estavam dançando ao redor do chalé de abetos destruído.
Poi si udì un ruggito e una bestia sconosciuta si lanciò verso di loro.
Então ouviu-se um rugido, e uma fera desconhecida avançou em direção a eles.
Era Buck: una furia in movimento, una tempesta vivente di vendetta.
Era Buck; uma fúria em movimento; uma tempestade viva de vingança.
Si gettò in mezzo a loro, folle di voglia di uccidere.
Ele se jogou no meio deles, louco pela necessidade de matar.
Si lanciò contro il primo uomo, il capo Yeehat, e colpì nel segno.
Ele saltou sobre o primeiro homem, o chefe Yeehat, e acertou em cheio.
La sua gola era squarciata e il sangue schizzava a fiotti.
Sua garganta foi aberta e o sangue jorrou num jato.
Buck non si fermò, ma con un balzo squarciò la gola dell'uomo successivo.
Buck não parou, mas rasgou a garganta do próximo homem com um salto.
Era inarrestabile: squarciava, tagliava, non si fermava mai a riposare.
Ele era imparável — rasgando, cortando, sem nunca parar para descansar.
Si lanciò e balzò così velocemente che le loro frecce non riuscirono a toccarlo.
Ele disparou e saltou tão rápido que as flechas não conseguiram atingi-lo.
Gli Yeehats erano in preda al panico e alla confusione.
Os Yeehats estavam presos em seu próprio pânico e confusão.
Le loro frecce non colpirono Buck e si colpirono tra loro.

As flechas deles erraram Buck e atingiram umas às outras.
Un giovane scagliò una lancia contro Buck e colpì un altro uomo.
Um jovem atirou uma lança em Buck e atingiu outro homem.
La lancia gli trapassò il petto e la punta gli trafisse la schiena.
A lança atravessou seu peito e a ponta perfurou suas costas.
Il terrore travolse gli Yeehats, che si diedero alla ritirata.
O terror tomou conta dos Yeehats e eles começaram a recuar completamente.
Urlarono allo Spirito Maligno e fuggirono nelle ombre della foresta.
Eles gritaram sobre o Espírito Maligno e fugiram para as sombras da floresta.
Buck era davvero come un demone mentre inseguiva gli Yeehats.
De fato, Buck era como um demônio enquanto perseguia os Yeehats.
Li inseguì attraverso la foresta, abbattendoli come cervi.
Ele correu atrás deles pela floresta, derrubando-os como veados.
Divenne un giorno di destino e terrore per gli spaventati Yeehats.
Tornou-se um dia de destino e terror para os assustados Yeehats.
Si dispersero sul territorio, fuggendo in ogni direzione.
Eles se espalharam pela terra, fugindo em todas as direções.
Passò un'intera settimana prima che gli ultimi sopravvissuti si incontrassero in una valle.
Uma semana inteira se passou antes que os últimos sobreviventes se encontrassem em um vale.
Solo allora contarono le perdite e raccontarono quanto accaduto.
Só então eles contaram suas perdas e falaram sobre o que aconteceu.
Buck, stanco dell'inseguimento, ritornò all'accampamento in rovina.

Buck, cansado da perseguição, retornou ao acampamento em ruínas.
Trovò Pete, ancora avvolto nelle coperte, ucciso nel primo attacco.
Ele encontrou Pete, ainda em seus cobertores, morto no primeiro ataque.
I segni dell'ultima lotta di Thornton erano visibili nella terra lì vicino.
Sinais da última luta de Thornton estavam marcados na terra próxima.
Buck seguì ogni traccia, annusando ogni segno fino al punto finale.
Buck seguiu cada rastro, farejando cada marca até um ponto final.
Sul bordo di una profonda pozza trovò il fedele Skeet, immobile.
Na beira de um poço fundo, ele encontrou o fiel Skeet, deitado e imóvel.
La testa e le zampe anteriori di Skeet erano nell'acqua, immobili nella morte.
A cabeça e as patas dianteiras de Skeet estavam na água, imóveis na morte.
La piscina era fangosa e contaminata dai liquidi di scarico delle chiuse.
A piscina estava lamacenta e contaminada com o escoamento das caixas de comportas.
La sua superficie torbida nascondeva ciò che si trovava sotto, ma Buck conosceva la verità.
Sua superfície nublada escondia o que havia por baixo, mas Buck sabia a verdade.
Seguì l'odore di Thornton nella piscina, ma non lo portò da nessun'altra parte.
Ele seguiu o cheiro de Thornton até a piscina, mas o cheiro não levou a nenhum outro lugar.
Non c'era alcun odore che provenisse, solo il silenzio dell'acqua profonda.

Não havia nenhum cheiro vindo de fora — apenas o silêncio das águas profundas.

Buck rimase tutto il giorno vicino alla piscina, camminando avanti e indietro per l'accampamento, addolorato.

Buck ficou o dia todo perto da piscina, andando de um lado para o outro no acampamento, sentindo-se triste.

Vagava irrequieto o sedeva immobile, immerso nei suoi pensieri.

Ele vagava inquieto ou sentava-se em silêncio, perdido em pensamentos pesados.

Conosceva la morte, la fine della vita, la scomparsa di ogni movimento.

Ele conhecia a morte; o fim da vida; o desaparecimento de todo movimento.

Capì che John Thornton se n'era andato e non sarebbe mai più tornato.

Ele entendeu que John Thornton havia partido e nunca mais retornaria.

La perdita lasciò in lui un vuoto che pulsava come la fame.

A perda deixou um vazio nele que pulsava como fome.

Ma questa era una fame che il cibo non riusciva a placare, non importava quanto ne mangiasse.

Mas essa era uma fome que a comida não conseguia saciar, não importava o quanto ele comesse.

A volte, mentre guardava i cadaveri di Yeehats, il dolore si attenuava.

Às vezes, quando ele olhava para os Yeehats mortos, a dor desaparecia.

E poi dentro di lui nacque uno strano orgoglio, feroce e totale.

E então um estranho orgulho surgiu dentro dele, feroz e completo.

Aveva ucciso l'uomo, la preda più alta e pericolosa di tutte.

Ele havia matado o homem, o jogo mais elevado e perigoso de todos.

Aveva ucciso in violazione dell'antica legge del bastone e della zanna.

Ele matou desafiando a antiga lei da clava e das presas.
Buck annusò i loro corpi senza vita, curioso e pensieroso.
Buck cheirou seus corpos sem vida, curioso e pensativo.
Erano morti così facilmente, molto più facilmente di un husky in combattimento.
Eles morreram tão facilmente — muito mais facilmente do que um husky em uma luta.
Senza le armi non avrebbero avuto vera forza né avrebbero rappresentato una minaccia.
Sem suas armas, eles não tinham força ou ameaça verdadeira.
Buck non avrebbe più avuto paura di loro, a meno che non fossero stati armati.
Buck nunca mais teria medo deles, a menos que estivessem armados.
Stava attento solo quando portavano clave, lance o frecce.
Somente quando eles carregavam porretes, lanças ou flechas ele tomava cuidado.

Calò la notte e la luna piena spuntò alta sopra le cime degli alberi.
A noite caiu e a lua cheia surgiu bem acima do topo das árvores.
La pallida luce della luna avvolgeva la terra in un tenue e spettrale chiarore, come se fosse giorno.
A luz pálida da lua banhava a terra com um brilho suave e fantasmagórico, como o dia.
Mentre la notte avanzava, Buck continuava a piangere presso la pozza silenziosa.
À medida que a noite avançava, Buck ainda lamentava na piscina silenciosa.
Poi si accorse di un diverso movimento nella foresta.
Então ele percebeu uma agitação diferente na floresta.
L'agitazione non proveniva dagli Yeehats, ma da qualcosa di più antico e profondo.
A agitação não veio dos Yeehats, mas de algo mais antigo e profundo.

Si alzò in piedi, drizzò le orecchie e tastò con attenzione la brezza con il naso.
Ele se levantou, com as orelhas erguidas e o nariz testando a brisa com cuidado.
Da lontano giunse un debole e acuto grido che squarciò il silenzio.
De muito longe veio um grito fraco e agudo que perfurou o silêncio.
Poi un coro di grida simili seguì subito dopo il primo.
Então, um coro de gritos semelhantes seguiu logo atrás do primeiro.
Il suono si avvicinava sempre di più, diventando sempre più forte con il passare dei minuti.
O som se aproximava, ficando mais alto a cada momento.
Buck conosceva quel grido: proveniva da quell'altro mondo nella sua memoria.
Buck conhecia esse grito, ele vinha daquele outro mundo em sua memória.
Si recò al centro dello spazio aperto e ascoltò attentamente.
Ele caminhou até o centro do espaço aberto e ouviu atentamente.
L'appello risuonò più forte che mai, più sentito e più potente che mai.
O chamado soou, com muitas notas e mais poderoso do que nunca.
E ora, più che mai, Buck era pronto a rispondere alla sua chiamata.
E agora, mais do que nunca, Buck estava pronto para atender ao seu chamado.
John Thornton era morto e in lui non era rimasto alcun legame con l'uomo.
John Thornton estava morto, e nenhum vínculo com o homem permanecia nele.
L'uomo e tutte le pretese umane erano svaniti: era finalmente libero.
O homem e todas as reivindicações humanas desapareceram — ele estava livre finalmente.

Il branco di lupi era a caccia di carne, proprio come un tempo avevano fatto gli Yeehats.
A matilha de lobos estava atrás de carne como os Yeehats faziam antigamente.
Avevano seguito le alci mentre scendevano dalle terre boscose.
Eles seguiram os alces desde as terras arborizadas.
Ora, selvaggi e affamati di prede, attraversarono la sua valle.
Agora, selvagens e famintos por presas, eles cruzaram o vale.
Giunsero nella radura illuminata dalla luna, scorrendo come acqua argentata.
Eles chegaram à clareira iluminada pela lua, fluindo como água prateada.
Buck rimase immobile al centro, in attesa.
Buck ficou parado no centro, imóvel, esperando por eles.
La sua presenza calma e imponente lasciò il branco senza parole, tanto da farlo restare per un breve periodo in silenzio.
Sua presença calma e grande surpreendeu o grupo, fazendo-o ficar em breve silêncio.
Allora il lupo più audace gli saltò addosso senza esitazione.
Então o lobo mais ousado saltou direto nele sem hesitar.
Buck colpì rapidamente e spezzò il collo del lupo con un solo colpo.
Buck atacou rápido e quebrou o pescoço do lobo com um único golpe.
Rimase di nuovo immobile mentre il lupo morente si contorceva dietro di lui.
Ele ficou imóvel novamente enquanto o lobo moribundo se contorcia atrás dele.
Altri tre lupi attaccarono rapidamente, uno dopo l'altro.
Mais três lobos atacaram rapidamente, um após o outro.
Ognuno di loro si ritrasse sanguinante, con la gola o le spalle tagliate.
Cada um recuou sangrando, com a garganta ou os ombros cortados.

Ciò fu sufficiente a scatenare una carica selvaggia da parte dell'intero branco.
Isso foi o suficiente para fazer com que todo o bando atacasse descontroladamente.
Si precipitarono tutti insieme, troppo impazienti e troppo ammassati per colpire bene.
Eles correram juntos, muito ansiosos e aglomerados para atacar bem.
La velocità e l'abilità di Buck gli permisero di anticipare l'attacco.
A velocidade e habilidade de Buck permitiram que ele ficasse à frente do ataque.
Girò sulle zampe posteriori, schioccando i denti e colpendo in tutte le direzioni.
Ele girou sobre as patas traseiras, estalando e atacando em todas as direções.
Ai lupi sembrò che la sua difesa non si fosse mai aperta o avesse vacillato.
Para os lobos, parecia que sua defesa nunca abria ou vacilava.
Si voltò e colpì così velocemente che non riuscirono a raggiungerlo alle spalle.
Ele se virou e atacou tão rápido que eles não conseguiram ficar atrás dele.
Ciononostante, il loro numero lo costrinse a cedere terreno e a ritirarsi.
Mesmo assim, o número deles o forçou a ceder terreno e recuar.
Superò la piscina e scese nel letto roccioso del torrente.
Ele passou pela piscina e desceu até o leito rochoso do riacho.
Lì si imbatté in un ripido pendio di ghiaia e terra.
Lá ele chegou a um barranco íngreme de cascalho e terra.
Si è infilato in un angolo scavato durante i vecchi scavi dei minatori.
Ele entrou em um corte de canto durante a antiga escavação dos mineiros.
Ora, protetto su tre lati, Buck si trovava di fronte solo al lupo frontale.

Agora, protegido por três lados, Buck enfrentava apenas o lobo da frente.
Lì rimase in attesa, pronto per la successiva ondata di assalto.
Lá, ele ficou à distância, pronto para a próxima onda de ataque.
Buck mantenne la posizione con tanta ferocia che i lupi indietreggiarono.
Buck se manteve firme com tanta ferocidade que os lobos recuaram.
Dopo mezz'ora erano sfiniti e visibilmente sconfitti.
Depois de meia hora, eles estavam exaustos e visivelmente derrotados.
Le loro lingue pendevano fuori e le loro zanne bianche brillavano alla luce della luna.
Suas línguas estavam para fora, suas presas brancas brilhavam ao luar.
Alcuni lupi si sdraiano, con la testa alzata e le orecchie dritte verso Buck.
Alguns lobos se deitaram, com as cabeças erguidas e as orelhas em pé na direção de Buck.
Altri rimasero immobili, attenti e osservarono ogni suo movimento.
Outros ficaram parados, alertas e observando cada movimento seu.
Qualcuno si avvicinò alla piscina e bevve l'acqua fredda.
Alguns foram até a piscina e tomaram água fria.
Poi un lupo grigio, lungo e magro, si fece avanti furtivamente, con passo gentile.
Então, um lobo cinzento, longo e magro avançou de forma gentil.
Buck lo riconobbe: era il fratello selvaggio di prima.
Buck o reconheceu — era o irmão selvagem de antes.
Il lupo grigio uggiolò dolcemente e Buck rispose con un guaito.
O lobo cinzento ganiu suavemente, e Buck respondeu com um ganido.

Si toccarono il naso, silenziosamente, senza timore o minaccia.
Eles tocaram os narizes, silenciosamente e sem ameaça ou medo.
Poi venne un lupo più anziano, scarno e segnato dalle numerose battaglie.
Em seguida veio um lobo mais velho, magro e marcado por muitas batalhas.
Buck cominciò a ringhiare, ma si fermò e annusò il naso del vecchio lupo.
Buck começou a rosnar, mas parou e cheirou o nariz do velho lobo.
Il vecchio si sedette, alzò il naso e ululò alla luna.
O velho sentou-se, levantou o nariz e uivou para a lua.
Il resto del branco si sedette e si unì al lungo ululato.
O resto do bando sentou-se e juntou-se ao longo uivo.
E ora la chiamata giunse a Buck, inequivocabile e forte.
E agora o chamado chegou a Buck, inconfundível e forte.
Si sedette, alzò la testa e ululò insieme agli altri.
Ele sentou-se, levantou a cabeça e uivou com os outros.
Quando l'ululato cessò, Buck uscì dal suo riparo roccioso.
Quando os uivos terminaram, Buck saiu de seu abrigo rochoso.
Il branco si strinse attorno a lui, annusando con gentilezza e cautela.
A matilha se fechou em volta dele, farejando-o com gentileza e cautela.
Allora i capi lanciarono un grido e si precipitarono nella foresta.
Então os líderes deram um grito e saíram correndo para a floresta.
Gli altri lupi li seguirono, guaendo in coro, selvaggi e veloci nella notte.
Os outros lobos os seguiram, latindo em coro, selvagens e rápidos na noite.
Buck corse con loro, accanto al suo selvaggio fratello, ululando mentre correva.

Buck correu com eles, ao lado de seu irmão selvagem, uivando enquanto corria.

Qui la storia di Buck giunge al termine.
Aqui, a história de Buck chega ao fim.
Negli anni a seguire, gli Yeehats notarono degli strani lupi.
Nos anos que se seguiram, os Yeehats notaram lobos estranhos.
Alcuni avevano la testa e il muso marroni e il petto bianco.
Alguns tinham marrom na cabeça e no focinho e branco no peito.
Ma ancora di più temevano la presenza di una figura spettrale tra i lupi.
Mas eles temiam ainda mais uma figura fantasmagórica entre os lobos.
Parlavano a bassa voce del Cane Fantasma, il capo del branco.
Eles falavam em sussurros sobre o Cão Fantasma, líder da matilha.
Questo cane fantasma era più astuto del più audace cacciatore di Yeehat.
Este Cão Fantasma tinha mais astúcia que o mais ousado caçador Yeehat.
Il cane fantasma rubava dagli accampamenti nel cuore dell'inverno e faceva a pezzi le loro trappole.
O cão fantasma roubava dos acampamentos no inverno rigoroso e destruía suas armadilhas.
Il cane fantasma uccise i loro cani e sfuggì alle loro frecce senza lasciare traccia.
O cão fantasma matou seus cães e escapou de suas flechas sem deixar rastros.
Perfino i guerrieri più coraggiosi avevano paura di affrontare questo spirito selvaggio.
Até mesmo seus guerreiros mais bravos temiam enfrentar esse espírito selvagem.
No, la storia diventa ancora più oscura con il passare degli anni trascorsi nella natura selvaggia.

Não, a história fica ainda mais sombria à medida que os anos passam na natureza.
Alcuni cacciatori scompaiono e non fanno più ritorno ai loro accampamenti lontani.
Alguns caçadores desaparecem e nunca mais retornam aos seus acampamentos distantes.
Altri vengono trovati con la gola squarciata, uccisi nella neve.
Outros são encontrados com a garganta aberta, mortos na neve.
Intorno ai loro corpi ci sono delle impronte più grandi di quelle che un lupo potrebbe mai lasciare.
Ao redor de seus corpos há pegadas — maiores do que qualquer lobo poderia deixar.
Ogni autunno, gli Yeehats seguono le tracce dell'alce.
Todo outono, os Yeehats seguem a trilha dos alces.
Ma evitano una valle perché la paura è scolpita nel profondo del loro cuore.
Mas eles evitam um vale com medo gravado profundamente em seus corações.
Si dice che la valle sia stata scelta dallo Spirito Maligno come sua dimora.
Dizem que o vale foi escolhido pelo Espírito Maligno para ser seu lar.
E quando la storia viene raccontata, alcune donne piangono accanto al fuoco.
E quando a história é contada, algumas mulheres choram perto do fogo.
Ma d'estate, c'è un visitatore che giunge in quella valle sacra e silenziosa.
Mas no verão, um visitante chega àquele vale tranquilo e sagrado.
Gli Yeehats non lo conoscono e non potrebbero capirlo.
Os Yeehats não o conhecem, nem conseguem entendê-lo.
Il lupo è un animale grandioso, ricoperto di gloria, come nessun altro della sua specie.

O lobo é grandioso, revestido de glória, como nenhum outro de sua espécie.
Lui solo attraversa il bosco verde ed entra nella radura della foresta.
Ele atravessa sozinho a floresta verde e entra na clareira da floresta.
Lì, la polvere dorata contenuta nei sacchi di pelle d'alce si infiltra nel terreno.
Ali, o pó dourado dos sacos de couro de alce penetra no solo.
L'erba e le foglie vecchie hanno nascosto il giallo del sole.
A grama e as folhas velhas esconderam o amarelo do sol.
Qui il lupo resta in silenzio, pensando e ricordando.
Aqui, o lobo fica em silêncio, pensando e lembrando.
Urla una volta sola, a lungo e lugubremente, prima di girarsi e andarsene.
Ele uiva uma vez — longo e triste — antes de se virar para ir embora.
Ma non è sempre solo nella terra del freddo e della neve.
Mas ele nem sempre está sozinho na terra do frio e da neve.
Quando le lunghe notti invernali scendono sulle valli più basse.
Quando longas noites de inverno descem sobre os vales mais baixos.
Quando i lupi seguono la selvaggina attraverso il chiaro di luna e il gelo.
Quando os lobos seguem a caça através do luar e da geada.
Poi corre in testa al gruppo, saltando in alto e in modo selvaggio.
Então ele corre na frente do bando, saltando alto e selvagem.
La sua figura svetta sulle altre, la sua gola risuona di canto.
Sua forma se eleva sobre as demais, sua garganta vibra com a canção.
È il canto del mondo più giovane, la voce del branco.
É a canção do mundo mais jovem, a voz da matilha.
Canta mentre corre: forte, libero e per sempre selvaggio.
Ele canta enquanto corre: forte, livre e eternamente selvagem.

www.tranzlaty.com

www.ingramcontent.com/pod-product-compliance
Lightning Source LLC
Chambersburg PA
CBHW010030040426
42333CB00048B/2789